文史哲學集成

盧清青著

齊梁詩探微

文史哲出版社印行

文史哲學集成 ⑽

齊梁詩探微

著者：盧清青
出版者：文史哲出版社
登記證字號：行政院新聞局局版臺業字〇七五五號
發行所：文史哲出版社
臺北市羅斯福路一段七十二巷四號
郵撥〇五一二八八一二號彭正雄帳戶
電話：三五一一〇二八
印刷者：文史哲出版社
中華民國七十三年十月初版
定價新台幣三八〇元

自序

南朝自劉裕篡晉，至陳後主亡國，總計一百七十年（西元四二〇——五八九年）。在此期間，由於朝野上下貪戀江南富庶，無心北還，因而形成了以江、淮爲界的對峙局面。王室內部擁兵拼鬬，骨肉相殘的慘劇迭有所聞，在內憂與外患交相煎迫之下，遂使南朝成爲中國歷史上疆域最狹隘，變亂最頻仍的黑暗時期。

然而，正由於環境地域之特殊，又加上黃老思想之泛濫，乃使文學風貌勃然大變。不僅文學作品傾向於個人主義的浪漫發展，而且文藝理論也突破先士窠臼，開始注重篇章結構的形式美，創作技巧和風格均爲前此所未有，乃是由漢、魏風骨轉爲唐人絕律的重要橋樑，故謂爲文學史上之復興期，當非過甚其辭。

文學本來就屬於思想藝術之範疇，自有其崇高價值。藉着它，可以抒發情懷，搖蕩性靈，或作爲宣揚教化，反映現實社會之利器。而傳達此精神與智慧結晶，以引起讀者共鳴的直接途徑，就是將作品予以美化，亦卽西人所說的唯美文學。此種唯美文學雖頻遭後人詬病，甚至被指爲淫文破典，浮濫不經。而事實上，則大謬不然，正因爲南朝文人在言情述志的內容方面，已無法超越前人，只好退求其次，朝向鮮爲前人所注重的形式方面求發展，分判文筆，巧構形似，講求四聲，對偶排比，將作品的形式美與藝術美導入極峯，開啓唐人絕律的先聲，這是南朝文人之特殊貢獻，事實俱在，不容抹殺。惟是，在南朝四代之中，鄙意以爲齊、梁二代最具代表性，其作品亦最爲可觀，我之所以選擇此一題目作爲探討研究的對象，其故卽在於此。

本書共分五章，凡十八萬言，茲依次說明其要旨：

首章略述齊、梁時代背景。蓋時代與文學互爲因果，欲了解文學概貌，必先自時代背景始，故分別以政治、經濟、地理、社會、文學思潮、帝王右文、文學集團等七項逐一介紹，期使讀者有完整的概念。

第二章乃就齊、梁近八十年中，詩歌內容大致分爲山水、詠物、宮體、樂府四大類，每類均各具特色，且多以五言爲主，在詩體之演變上實佔有重要地位。

第三、四兩章爲全書重點，其中第三章曾發表於華夏學報第十八期。乃針對齊梁文人雕琢藻飾的藝術成就，以辭藻、聲韵、用典、對偶及修辭方法五項詳加說明。這不單是南朝唯美文學的最高成就，也是唐代近體絕律的嚆矢，若無此偌多作家嘔心吐膽的鑽研，則唐代詩歌能否有輝煌燦爛的成就，實在很難斷定。

末章則就後世對齊、梁文風的批評，以及齊、梁詩所貽予唐詩的影響再詳加闡述，期使讀者在窺見齊、梁詩全貌之餘，能做一公平允當之評判。

本書辱蒙駢文大師　成楚望先生賜題封面，光美篇幅，感激之情，力占難盡。並蒙　張仁青師殷殷啓廸，諄諄指導，使本性魯鈍的我受益不淺。復承文史哲出版社負責人彭正雄先生慨允出版。謹此敬申謝忱。著者學殖譾陋，識見浮薄，至祈儒林先進，文苑名學，糾其紕謬，匡我不逮，其爲榮幸，曷可勝陳。

甲子秋暮 盧清青謹識

齊梁詩探微 目次

第四章　齊梁詩的藝術成就（下）

第一章　齊梁詩之時代背景與社會環境

文學乃是時代產物，作品的風格與面貌，往往隨着環境之變化而殊異。所謂『一代有一代之精神，一人有一人之面目。』（成惕軒楚望樓詩自序），卽指此而言。齊、梁文學的發展，同樣也是受到各種環境因素的影響，故文心雕龍時序篇有云：『文變染乎世情，興廢繫於時序，原始以要終，雖百世可知也。』正是一語道破文學與時代環境的密切關係。今分別就政治、經濟、社會、地理、文學思潮、帝王提倡、文學集團諸端略加闡述。

第一節　政治環境

南朝自宋劉裕開篡奪之風以後，政權的遞嬗，多出自篡弒，因此，南朝便成爲中國君主弒殺最多的時期。趙翼廿二史劄記云：

古來只有禪讓征誅二局，其權臣奪國，則名篡弒，常相戒而不敢犯。……至曹魏則既欲移漢之天下，又不肯居篡弒之名，於是假禪讓爲攘奪。自此例一開，而晉、宋、齊、梁……皆倣之。

（禪代條）

又云：

劉裕身爲晉輔，而卽移晉祚，自後齊、梁以下諸君，莫不皆然。此又一變局也。……自劉裕篡大位，而卽戕故君，以後齊、梁……亦無不皆然。此又一變局也。（同上）

其中，齊梁二朝的文物雖盛，但政治環境，同樣充滿了詭譎變幻，殺機四伏的不安情勢，在短短的八十年中（西元四七九—五五七年），合計十一位帝王，被弑者便有七人，爲敵人所害者一人，得善終者僅三人而已。（據吾師張仁青先生之魏晉南北朝文學思想史論第一章魏晉南北朝廢弑表）『宰衡以干戈爲兒戲，搢紳以清談爲廟略』（庾信哀江南賦）此正說明了南朝政局的混亂與黑暗。茲以內亂與戰役、帝王多昏愚，迫害文士三項分述如後。

一　內亂與戰役

一、內亂

齊朝自高帝卽位至和帝遇害（西元四七九—五〇二年），內部紛爭，可自下列諸端略知其凡：

❶廢帝昭業隆昌元年（西元四九四年），西昌侯蕭鸞起兵弑帝，改立新安王昭文，旋卽廢之，自立爲明帝，改元建武。（詳見南史齊明帝紀）

❷明帝永泰元年（西元四九八年）四月，會稽太守王敬則乘帝病危之際，起兵叛國，兵敗遇害。

（詳見南齊書王敬則傳）

❸東昏侯永元元年（西元四九九年）八月，揚州刺史蕭遙光據東府謀反；同年十一月，江州刺史陳顯達舉兵反於尋陽，均兵敗伏誅。（詳見南齊書東昏侯紀）

❹東昏侯永元二年（西元五〇〇年）三月，平西將軍崔慧景於廣陵舉兵擊京師，四月，獲罪斬首；同年十二月，雍州刺史蕭衍起兵於襄陽。（同上）

❺東昏侯永元三年（西元五〇一年）十二月，新除將軍雍州刺史王珍國，侍中張稷率兵入殿弑帝，帝時年方十九而已。（同上）

❻和帝中興二年（西元五〇二年）四月，蕭衍廢帝篡齊，改國號爲梁，是爲梁武帝。齊亡。（詳見南齊書和帝紀）

梁朝自蕭衍篡齊，至陳霸先廢敬帝（西元五〇二—五五七年），數十年之開，內亂亦有六起之多：

❶武帝太清二年（西元五四八年）八月，侯景舉兵叛變，十月，攻入建鄴，臨賀王正德率衆附賊。三年三月，賊攻陷京城，大肆掠奪，四月，武帝憂憤成疾，崩於淨居殿，簡文帝立。（詳見梁書武帝紀）

❷簡文帝大寶元年（西元五五〇年），侯景自進位相國，封二十郡爲漢王。二年，廢帝，殺害皇太子二十餘人，幽帝於永福省，十月，弑之。初立豫章王棟，旋又廢之，自立爲漢帝。至元帝承聖元年，王僧辯等始平定之。亂事前後達五年之久。（詳見梁書簡文帝紀及元帝紀）

❸元帝承聖元年（西元五五二年）四月，武陵王紀僭位於蜀，年號天正，次年七月，軍潰被殺。

（詳見南史梁元帝紀）

❹元帝承聖三年（西元五五四年）十月，西魏遣兵助通敵之梁王蕭詧進犯襄陽，兵至，詧率衆會之，江陵失守，十二月，世祖遇害，詧旋稱帝，是爲後梁。（同上）

❺元帝承聖四年（西元五五五年）七月，揚州刺史王僧辯納貞陽侯蕭衍明（南史作蕭明）自采石濟江，入京師卽位。九月，司空陳霸先舉義，襲殺王僧辯，黜蕭淵明，奉敬帝於建鄴。（詳見梁書元帝紀）

❻敬帝太平二年（西元五五七年）九月，陳霸先廢帝自立，改國號爲陳，是爲陳武帝，梁亡。（詳見梁書敬帝紀）

綜觀上述，短短八十年之間，亂事多達十二起，擁軍拼鬭，紛亂傾軋的事件，屢見不鮮，由於內部動盪不安，致使收復中原的使命，更形艱鉅了。

二、戰　役

齊、梁除內亂頻仍外，與異族作戰，亦未曾停息，雖偶有戰勝，但多曇花一現，後繼乏力，至使疆界一再南移，茲略述其較重要之三次戰役。

❶壽陽之役

齊明帝建武元年（西元四九四年），北魏乘齊政權遞嬗之際，起兵南犯，明年二月，魏主孝文帝親率大軍三十萬，渡淮河至壽陽（安徽壽縣），再循淮水東下，至鍾離，明帝遣左衞將軍崔慧景，寧朔將軍裴叔業援救之，旣而魏因久攻不克，士卒傷亡慘重，相州刺史高閭上表請帝北還，魏主納其言，

三月，自壽陽退兵，無功而返。（詳見資治通鑑齊紀一百四十卷）

東昏侯永元二年（西元五〇〇年），兗州刺史裴叔業聞帝數次誅殺大臣，內心不安，沈疑未決，又不樂意內徙，朝廷疑有異志，京師亦紛紛謠傳背叛，叔業於是遣其子芬之以壽陽奉表降魏，東昏侯發詔討伐，派司馬陳伯之率師逆淮水而上，爲魏軍所敗，南朝疆土，愈益蹙狹。（事詳資治通鑑齊紀一百四十三卷）

❷鍾離之役

武帝天監六年（西元五〇七年），魏將托跋英與楊大眼率衆數十萬攻鍾離，上命右衞將軍曹景宗，豫州刺史韋叡援救之。景宗等器甲精銳，士氣旺盛，魏人望之奪氣，三月，淮水暴漲，叡等乘鬬艦襲魏軍，兵士無不以一當百，勢如破竹，敵軍大潰，托跋英棄城逃走，餘衆多棄甲投水，死者十餘萬，沿淮水百餘里皆尸相枕籍，遂生擒俘虜五萬人，收軍糧器械，積如山岳，牛馬驢騾，不可勝計。（詳見資治通鑑梁紀一百四十六卷）

❸淮堰之役

武帝天監十三年（西元五一四年），魏人王足獻計，築堰引淮水灌溉壽陽農田，十五年四月完成，長九里，高二十丈，軍壘駐居其上。

普通六年（西元五二五年），武帝大舉北伐，遣豫州刺史裴邃帥衆伐壽陽城，未克。次年夏，淮堰水漲崩決，泛濫成災，百姓漂死無數，北魏也因邊境蠻夷侵擾，自顧不暇，武帝乘機再遣夏侯亶將

兵出擊，收復壽陽、合肥，分置爲豫州、南豫州，以亶爲二州刺史。（詳見梁書夏侯亶傳）

二　帝王多昏愚

『國之亡，類亡於淫昏暴虐之主。』（王夫之語〇見船山遺書）一國的興衰，實乃繫之於君王是否英明。趙翼廿二史劄記曾有極扼要的批評：

古來荒亂之君，何代蔑有，然未有如江左宋齊兩朝之多者。……齊高武父子僅十五年而有昭業。明帝五年而有寶卷。……童昏狂暴，接踵繼出，蓋刼運之中，天方長亂，創業者不永年，繼體者必敗德，是以一朝甫興，不轉盼而輒覆滅，此固氣運使然也。（宋齊多荒主條）

試觀齊、梁君主，除齊武帝、梁武帝而外，不德者，比比皆是。試觀左列史實：

㊀南史齊鬱林王紀：

矯情飾詐，陰懷鄙慝。與左右無賴羣小二十許人共衣食，同臥起。妃何氏擇其中美貌者，皆與交歡。密就富市人求錢，無敢不與。及竟陵王移西邸，帝獨住西州，每夜輒開後堂閤，與諸不逞小人，至諸營署中淫宴。凡諸小人，並逆加爵位，皆疏官名號於黃紙，使各囊盛以帶之，許南面之日，即便行之。

即位未朞歲，所用已過半，皆賜與諸不逞羣小。取諸寶器以相擊剖破碎之，以爲笑樂。及至廢黜，府庫悉空。

其在內，常裸袒，着紅紫錦繡新衣、錦帽、紅縠褌，雜采袙服。好鬬鷄，密買鷄至數千價。武帝御物甘草杖，宮人寸斷用之。徐龍駒爲後閤舍人，日夜在六宮房內。帝與文帝幸姬霍氏淫通，改姓徐氏，龍駒勸長留宮內，聲云度霍氏爲尼，以餘人代之。皇后亦淫亂，齋閤通夜洞開，內外淆雜，無復分別。

㈡又齊明帝紀：

性猜忌，亟行誅戮。信道術，用計數。每年出幸，先占利害。簡於出入，將南則詭言之西，將東則詭言之北，皆不以實，竟不南郊。

㈢又齊東昏侯紀：

在宮嘗夜捕鼠達旦，以爲笑樂。……委任羣小，誅諸宰臣，無不如意。臺閣案奏，月數十日乃報，或不知所在。敎黃門五六十人爲騎客，又選營署無賴小人善走者爲逐馬鷹犬，左右數百人，常以自隨，奔走往來，略不暇息。

陳顯達平，漸出遊走，不欲令人見之，驅斥百姓，唯置空宅而已。是時率一月二十餘出，既往無定處，尉司常慮得罪，東行驅西，南行驅北，應旦出，夜便驅逐，吏司奔驅，叫呼盈路。打鼓蹋圍，鼓聲所聞，便應奔走，臨時驅迫，衣不暇披，乃至徒跣走出，犯禁者應手格殺。百姓無復作業，終日路隅，從萬春門由東宮以東至郊外，數十里，皆空家盡室。

又嘗至沈公城，有一婦人當產不去，帝入其家，問：『何獨在？』答曰：『臨產不得去。』因剖腹看男女。

㈣又梁元帝紀：

性好矯飾，多猜忌，於名無所假人。微有勝己者，必加毀害。帝姑義興昭長公主子王銓兄弟八九人有盛名。帝妬害其美，遂改寵姬王氏兄王珩名琳以同其父名。忌劉之遴學，使人鴆之。如此者甚衆，雖骨肉亦徧被其禍。始居文宣太后憂，依丁蘭作木母。及武帝崩，秘喪逾年，乃發凶問，方刻檀爲像，置於百福殿內，事之甚謹。朝夕進蔬食，動靜必啓聞，迹其虛矯如此。元帝以盤石之宗，受分陝之任，屬君親之難，居連率之長，不能撫劍嘗膽，枕戈泣血，躬先士卒，致命前驅。遂乃擁衆逡巡，內懷觖望，坐觀國變，以爲身幸。不急莽、卓之誅，先行昆弟之戮。又沈猜忍酷，多行無禮，騁智辯以飾非，肆忿戾以害物，爪牙重將，心膂謀臣，或顧眄以就拘囚，或一言而及葅醢，朝之君子，相顧懍然。

所謂『其身正，不令而行，其身不正，雖令不從。』（論語子路篇）敗亡之禍，必導源於政綱紊亂，國本動搖，此誠千古不變之理也。

三　迫害文士

自漢武帝罷黜百家，獨尊儒術，光武帝表彰氣節，獎勵名實，騷人墨客多以經世致用爲己任，風俗因此趨於敦厚淳美，一如顧炎武所言：『三代以下，風俗之美，無尚於東京者。』（日知錄兩漢風俗條），但從桓靈二帝以後，宦豎擅權，黨錮之禍興，儒生被牽連遇害者甚夥，自此，政風丕變，禮教陵夷，黃老之說泛濫，清談風氣大盛，爰逮南朝，君位遞傳，均源於篡奪，骨肉相殘，手段狠毒，前所未見，文士有以才高遭妒賜死者；有謀立新主失敗被殺者；或以君王不德，濫行誅戮；或因譏議時政，以事見殺。在此朝不保夕的環境中，知識份子只有噤若寒蟬，縱情於酒肉聲色之中，發而爲文，遂多爲山水，詠物，宮體之作，全力講求音節，推敲字句，期能掩蔽當權者耳目，以免觸犯時諱，遭逢不測，其苦悶的心情與頹廢的人生觀，殆可想見。左列史料，足資印證：

㈠南齊書王融傳：

世祖疾篤暫絕，子良在殿內，太孫未入……上旣蘇，太孫入殿，朝事委高宗，融知子良不得立，乃釋服還省。歎曰：『公誤我。』鬱林深忿疾融，卽位十餘日，收下廷尉獄……賜死。

㈡南齊書謝朓傳：

朓少好學，有美名，文章清麗。

東昏失德，江祏欲立江夏王寶玄……遙光又遣親人劉渢密致意於朓，欲以爲肺腑。朓自以受恩高宗，非渢所言，不肯答。……遙光大怒，與徐孝嗣、祏、暄等連名啓誅……下獄死。

㈢南齊書隨郡王子隆傳：

高宗輔政，謀害諸王，世祖諸子中，子隆以才貌見憚，故與鄱陽王鏘同夜先見殺。

㊃南齊書丘巨源傳：

高宗爲吳興，巨源作秋胡詩，有譏刺語，以事見殺。

㊄梁書江子一傳：

子一少好學，有志操，以家貧闕養，因蔬菜終食。及侯景反，攻陷歷陽，自橫江將渡，子一帥舟師千餘人，於下流欲邀之，其副董桃生家在江北，因與其黨散走。子一乃退還南州，復收餘衆，步道赴京師。賊亦尋至，子一啓太宗云：『賊圍未合，猶可出盪，若營柵一固，無所用武。』請與其弟子四、子五帥所領百餘人，開承明門挑賊。許之。子一乃身先士卒，抽戈獨進，羣賊夾攻之，從者莫敢繼，子四、子五見事急，相引赴賊，並見害。

㊅梁書任孝恭傳：

太清二年，侯景寇逼，孝恭啓募兵，隸蕭正德。及賊至，正德舉衆入賊，孝恭還赴臺，臺門已閉，因奔入東府，尋爲賊所攻，城陷見害。文集行於世。

㊆梁書蕭子雲傳：

年十二，齊建武四年，封新浦縣侯，自製拜章，便有文采。太清二年，侯景寇逼，子雲逃民間，三年三月，宮城失守，東奔晉陵，餧卒于顯靈寺僧房，年六十三。

㈧梁書簡文帝紀：

冬十月壬寅，帝謂舍人殷不害曰：『吾昨夜夢吞土，卿試爲我思之。』不害曰：『昔重耳饋塊，卒還晉國。陛下所夢，得符是乎。』及王偉等進觴於帝曰：『丞相以陛下憂憤既久，使臣上壽。』帝笑曰：『壽酒，不得盡此乎？』於是並賫酒餚、曲項琵琶，與帝飲。帝知不免，乃盡酣，曰：『不圖爲樂一至於斯！』既醉寢，王偉、彭儁進土囊，王脩纂坐其上，於是太宗崩於永福省，時年四十九。

㈨梁書鮑泉傳：

泉博涉史傳，兼有文筆。

後侯景攻王僧辯於巴陵，不克，敗還，乃殺泉於江夏，沈其尸于黃鶴磯。

㈩南史元帝紀：

帝幼而聰睿，六歲便能屬文……讀書十行俱下，辭藻豔發，博綜羣言，善談玄理。

承聖三年十二月，徐世譜，任約退戍巴陵。辛未，魏人戕帝。

⑪南史王僧虔傳：

僧虔弱冠，雅善隸書，……孝武欲擅書名，僧虔不敢顯跡，大明世常用掘筆書，以此見容。

⑫南史劉之遴傳：

之遴尋避難還鄉，湘東王繹嘗嫉其才學，聞其西上至夏口，乃密送藥殺之。不欲使人知，乃自製誌銘，厚其賻贈。

在此一世局動盪，且人主又忌才嗜殺的環境裏，齊梁文人韜光斂芒，苟且求生的背後，正是一頁頁充滿血淚交織的辛酸。

第二節　經濟環境

東晉自劉曜攻陷長安，愍帝出降，瑯琊王司馬睿卽位建康後，中原名士，多追隨朝廷南遷，南方人口驟然激增，社會經濟也產生空前未有的變異。

這些南遷之士，原本尙以復仇雪恥爲念，指望着結伴還鄉，但經過了一長串的流亡遷徙，飽嚐顚沛之苦，外加上江南山川明媚，水土和柔，物產豐饒，如左思三都賦所云：『朱闕雙立，馳道如砥。樹以青槐，亙以綠水。玄蔭耽耽，淸流叠叠，水浮陸行，方舟結駟。混名物而同塵，幷都鄙而爲一，吳中之氓，財富鉅萬。』致使朝廷的偏安思想逐漸形成，而人們也隨之安土重遷，先前克復中原的壯志，幾乎全被苟安自足的暮氣所取代了。

由於先天環境的優越，百姓多以從商維持生計，一時之間，市場遍地，商旅如織，風氣因而大盛。到南朝初年，江南地區經濟發展更爲迅速，舟檣櫛比。水運頻仍，長江沿岸各地均成爲貨物的集散中心，『事有訛變，姦僞代起。昏作役苦，故穡人去而從商。商之事逸，末業流而浸廣，泉貨所通，非復始造之意，於是競收罕至之珍，遠蓄未名之貨。明珠翠羽，無足而馳；絲罽文犀，飛不待翼。天下蕩蕩，咸以棄本爲事。……而年世推移，或庫盈朽貫，而高廩未充，或家有藏鏹，而良疇罕闢。』（孔琳之語○見宋書孔琳之傳）『自廬井毀制，農桑易業，鹽鐵妨民，貨鬻傷治，歷代成俗，流蠹歲滋。』（南齊書高帝紀），由此可知，商業的發達，已有取代傳統務農的趨勢。百姓因經商致富的，屢見不鮮。因此，便有若干豪貴官僚，依仗着權勢地位，牟利營商，欲囤積居奇，壟斷市場，宋書孔琳之傳云：『每絲緜新登，易折租以市，又諸府競收，動有千萬，積貴不已，實由於此。』又周朗傳云：『凡厥庶民，制度日侈。商販之室，飾等王侯。傭賣之身，製均妃后。凡一袖之大，足斷爲兩，一裙之長，可分爲二。見車馬不辨貴賤，視冠服不知尊卑。』他們不但財富增加了，生活上也隨之流於豪奢荒淫。

下至齊梁，流俗已成，更是官商不分，大肆經營，貪聚揮霍，『凡百戶之鄉，有市之邑，歌謠舞蹈，觸處成羣，蓋宋世之極盛也。……永明繼運，垂心政術……十許年中，百姓無犬吠之驚，都邑之盛，士女昌逸，歌聲舞節，袨服華粧。桃花淥水之間，秋月春風之下，無往非適。』（南史循吏傳），城市經濟的繁榮，至此已達顛峯，在這種追尋安逸享樂的心態之下，自然反應在文學作品上的風格，不外乎是男女戀情的描寫，或歌舞聲色的追求，這也就是南朝樂府、山水與宮體詩興盛的有利條件之一。

第三節　地理環境

希臘哲人亞里士多德在他所著作的政治學一書中，以地理風土來解釋人民偏於勇敢或智慧，甚至認爲人類的個性，脾氣等，亦有受到地形、天候的影響。日人木村毅也曾說：『地理的特質，乃是決定人的生活及進化之唯一而且具有最直接的影響。』人類爲了生存，必須適應所處的環境，適者生存，不適者淘汰，因此，地理可說是支配人文發展的主要因素，而人文發展中，深具代表性的產物便是文學，換言之，地域足以影響文學的風格與內容。

我國幅員遼濶，地方性對於藝術的關係，在交通便利，文化接觸頻繁的現代，其重要性自然是消失了，但在交通阻隔的古代，這種關係却是不容忽視的。約略言之，北方燕趙之地，土地貧瘠，氣候嚴寒，草木稀少，曹操苦寒行云：『北上太行山，艱哉何巍巍，羊腸坂詰屈，車輪爲之摧。樹木何蕭瑟，北風聲正悲，熊羆對我蹲，虎豹夾路啼，谿谷少人民，雪落何霏霏，延頸長嘆息，遠行多所懷……』因爲苦寒磽瘠，謀生不易，因此人民多偏重實際，崇尚勇敢，個性堅實。而南方吳楚雲水之鄉，土地低濕，草木繁茂，山川秀美，由以下數篇描寫，可略窺一二：

㈠康有爲中國歌：

以花爲國，燦爛天府，橫覽大地，莫我能與。鳥獸昆蟲，果蓏草木，億品萬彙，物產繁毓。羽毛齒革，錦繡珠玉，衣食器用，內求自足。五色六章，絃絲爲服，飲饌百品，美備水陸，冠絕萬國，猶受多福。

雖名爲中國歌，實乃江南富庶的最佳寫照。

㈡鮑照登大雷岸與妹書：

向因涉頓，憑觀川陸，遨神清渚，流睇方曛，東顧五洲之隔，西眺九派之分，窺地門之絕景，望天際之孤雲，長圖大念，隱心者久矣。南則積山萬狀，爭氣負高，含霞飲景，參差代雄，凌跨長隴，前後相屬，帶天有匝，橫地無窮。東則砥原遠隰，亡端靡際，寒蓬夕卷，古樹雲平，旋風四起，思鳥羣歸，靜聽無聞，極視不見。北則陂池潛演，湖脈通連，苧蒿攸積，菰蘆所繁，棲波之鳥，水化之蟲，智吞愚，强捕小，號噪驚聒，紛牣其中。西則迴江永指，長波天合，滔滔何窮，漫漫安竭，創古迄今，舳艫相接，思盡波濤，悲滿潭壑，煙歸八表，終爲野塵，而是注集，長寫不測，修靈浩盪，知其何故哉。

㈢酈道元水經江水注：

自三峽七百里中，兩岸連山，略無闕處，重巖疊嶂，隱天蔽日，自非亭午夜分，不見曦月。至於夏水襄陵，沿泝阻絕，或王命急宣，有時朝發白帝，暮到江陵，其間千二百里，雖乘奔御風不以疾也。春冬之時，則素湍綠潭，迴清倒影。絕巘多生檉柏，懸泉瀑布，飛漱其間。清榮峻茂，良多趣味。每至晴初霜旦，林寒澗肅，常有高猿長嘯，屬引凄異，空谷傳響，哀轉久絕。故漁者歌曰：『巴東三峽巫峽長，猿鳴三聲淚沾裳。』

㈣謝靈運山居賦：

其居也，左湖右江，往渚還江，面山背阜，東阻西傾，抱含吸吐，款跨紆縈，緜聯邪亘，側直齊平。東則上田下湖，西谿南谷，石塚石滸，閔硎黃竹，決飛泉於百仞，森高薄於千麓，寫長源於遠江，派深毖於近瀆。近南則會以雙流，縈以三洲，表裏回游，離合山川，崿崩飛於東峭，槃傷薄於西阡，拂青林而激波，揮白沙而生漣。近西則揚賓接峯，唐皇連縱，室壁帶谿，曾孤臨江，竹緣浦以被綠，石照澗而映紅，月隱山而成陰，木鳴柯以杞風。近北則二巫結湖，兩習通沼，橫石制盡，休周分表……。

在這樣一片肥美明麗的土地上，人民無需與環境搏鬬，謀生較爲容易，故精神多崇尚虛想無爲，偏重情感，自然容易傾向逸樂放蕩的生活。

在這兩種先天環境的差別下，產生了迥然不同的藝術風貌。隋書文學傳序說：『江左宮商發越，貴於清綺；河朔詞義貞剛，重乎氣質。氣質則理勝其詞，淸綺則文過其質。理深者便於時用，文華者宜於詠歌。此南北詞人得失之大較也。』近人胡適白話文學史第七章南北新民族的文學也說道：『南方民族的文學特別色彩是戀愛，是纏綿宛轉的戀愛。北方的新民族多帶着尙武好勇的性質，故北方的民間文學自然也帶着這種氣概。』例如黃河流域所產生的詩經，和長江流域所產生的楚辭，在文學上雖同具價值，且楚辭尙源自於詩經，但它們的形式、內容、風味則完全相異，這便是因地理環境的差別，所形成的兩部分別代表南北特徵的偉大文學作品。

再者，我國歷史文化的重心，原本是在黃河流域，自春秋以來，吳楚多被視爲蠻夷地區，至漢行郡國制度，方才漸漸開發經營，東漢末年，三國鼎立，孫權建國於此，曾銳意經營開發，奠定了良好的基礎。至西晉永嘉之亂，五馬南渡，中原的衣冠文物隨之南遷，自此以後，人煙稠密，富源擴興，更因土肥物豐，水運便利，商業勃興，經濟繁榮，於是江漢之濱便產生了許多大城市，如京師建業，吳郡、會稽、揚州、荊州等，有『煮海之賈，操鉅萬之資，奔走其間。』（邱光庭三明書），有『海陸之饒，珍異所聚，商賈並湊。』（隋書地理志），而且還是『役寬務簡，氓庶繁息。餘糧棲畝，戶不夜扃。』（宋書沈曇慶傳）當時一般渡江名士，既遠離了北方荒寒境地，又置身於此佳麗之邦，不覺俯仰之間，悲愉易位，或聽鶯載酒，或漱石枕流，終日模山範水，樂而忘返，早已不再有陸沈之悲，飲馬之意了。通典揚州風俗說得好：

永嘉之後，帝室東遷，衣冠避難，多所萃止，藝文儒行，斯之爲盛。今雖閭閻賤品處力役之際，吟詠不輟。蓋因顏謝徐庾之風扇焉。

自南遷至齊梁，偏安江左已近二百年，文士因而大量產生，今分別依其籍貫，列表於后，以備考覽。

㈠齊梁文士地域分布表

時代	籍貫	詩人姓名
齊	江蘇省	蕭子良・蕭子懋・王融・王儉・謝朓・張融・顧憲之・蕭遙欣・范岫・劉繪・陸厥・陸煦・劉暄・江祏・劉瑱
	浙江省	孔逭・孔稚圭・孔廣・虞龢・丘靈鞠
	湖北省	張欣泰
梁	江蘇省	蕭衍・陸倕・蕭子顯・蕭子雲・蕭統・蕭綱・蕭繹・皇侃・劉勰・江淹・徐摛・裴子野・劉苞・劉潛・劉孺・江子一・劉孝威・孔子祛・江革・到洽・到溉・到沆・張率・陸杲・王筠・任昉・阮孝緒・陶宏景・何遜・顧野王・江洪・江祿・宗夬・徐陵・江總・顧協
	浙江省	沈約・丘遲・吳均・范述曾・沈顗・虞羲・丘仲孚・孔翁歸・陸雲公
	湖北省	陰鏗

第四節 社會環境

一 風俗奢靡

南朝各代，因偏安日久，喪失鬪志，自知北伐已無指望，早就不以中原爲念，且在良好的自然環境相助，及門閥觀念的保護下，豪門貴族在社會及經濟上佔有優越的地位，遂產生幸存苟安，及時行樂的頹廢心態，因此，一味沈溺享樂，流連聲色，比前朝更爲奢靡，試觀左列史實：

㈠南史齊東昏侯紀：

永元三年，大起諸殿，芳樂、芳德、仙華、大興、含德、清曜、安壽等殿，又別爲潘妃起神仙、永壽、玉壽三殿，皆市飾以金璧。其玉壽中作飛仙帳，四面繡綺，窗間盡畫神仙。又作七賢，皆以美女侍側。鑿金銀爲書字，靈獸、神禽、風雲、華炬，爲之玩飾。椽桷之端，悉垂鈴佩。江左舊物，有古玉律數枚，悉裁以鈿笛。莊嚴寺有玉九子鈴，外國寺佛面有光相，禪靈寺塔諸寶珥，皆剝取以施潘妃殿飾。又鑿金爲蓮華以帖地，令潘妃行其上，曰：『此步步生蓮華也。』塗壁皆以麝香，錦幔珠簾，窮極綺麗。縶役工匠，自夜達曉，猶不副速，乃剔取諸寺佛剎殿藻井、仙人、騎獸以充足之。潘氏服御，極選珍寶，主衣庫舊物，不復周用，貴市人間金銀寶物，價皆數倍，虎珀釧一隻，直百七十萬。都下酒租，皆折輸金，以供雜用。

其水草。

貴勢之流，貨竇之族，車服伎樂，爭相奢麗，亭池宅第，競趨高華，至於山澤之人，不敢採飲

❷南齊書顧歡傳：

❸南齊書陳顯達傳：

顯達既貴，有子十餘人，誡之曰：『我本志不及此，汝等勿以富貴陵人。』家既豪富，諸子與王敬則諸兒並精馬牛，麗服飾，當世快牛稱陳世子青、王三郎烏、呂文顯折角、江瞿曇白鼻。

❹南史梁南平王偉傳：

秦世青溪宮改爲芳林苑，天監初，賜偉爲第，又加穿築，果木珍奇，窮極雕靡，有侔造化，立遊客省，寒暑得宜，多有籠爐，夏設飲扇，每與賓客遊其中……梁藩邸之盛無過焉。

❺南史梁宗室臨川敬惠王宏傳：

縱恣不悛，奢侈過度，修第擬於帝宮，後庭數百千人，皆極天下之選。……好食鯖魚頭，常日進三百，其佗珍膳盈溢，後房食之不盡，棄諸道路……宏性愛錢，百萬一聚，黃牓標之，千萬一庫，懸一紫標，如此三十餘間。帝與佗卿屈指計見三億餘萬，餘屋貯布絹絲綿漆蜜紵蠟朱沙黃屑雜貨，但見滿庫，不知多少。

❻梁書賀琛傳：

今天下宰守，所以皆尚貪殘，罕有廉白者，良由風俗侈靡使之然也。淫奢之弊，其政多端，粗擧二條，言其尤者……今之燕喜，相競誇豪，積果如山岳，列肴如綺繡，露臺之產，不周一燕之資。而賓主之間裁取滿腹，未及下堂，已同臭腐。……務在貪汚，爭飾羅綺，故爲牧民者，競爲剝削，雖致貲巨億，罷歸之日，不支數年，便已消散。

上層階級的生活腐化如此，流風所及，平民百姓也多趨於慕尚虛榮，窮侈極慾，南齊書武帝紀曾記載：『永明七年四月，詔曰：「……晚俗浮麗，歷玆永久，每思懲革，而民未知禁。乃聞同牢之費，華泰尤甚，膳羞方丈，有過王侯，富者扇其驕風，貧者恥躬不逮。……」十月，詔曰：「三季澆浮，舊章陵替，吉凶奢靡，動違矩則，或裂錦繡以競車服之飾，塗金鏤石以窮塋域之麗。至斑白不婚，露棺累禁，苟相姱衒，罔顧大典。」』可見習俗成風，競相傚尤，上下皆然。

由於奢靡風氣的蔓延，一般豪富貴人，不論飲食，服飾，車馬宮室，各方面都表現出豔麗華美的作風，正所謂『褒衣博帶，大冠高履。』『出則車輿，入則扶持。』(均見顏氏家訓涉務篇) 尤其南齊以後，文人雅士更爲盛行構築庭園，建造假山流水，搜聚奇石異卉以行樂，如南齊書文惠太子傳云：『性頗奢，宮內殿堂皆雕飾精綺，過上宮。開拓玄圃等臺城北塹。其中有樓觀塔宇，多聚奇石，極妙山水。慮由上宮望見，乃旁門列修竹，內施高障，造游牆數百間，施諸機巧，宜鄣蔽，須臾成立……。』又南史齊紀亦云：『以閱武堂爲芳樂園，窮奇極麗。當暑種樹，朝種夕死，雖死復種，卒無一生。於是徵求人家，望樹便取。毀徹牆屋，以之移置……山石皆塗以彩色，跨池水立紫閣。』此外，在南齊書高逸傳、齊書劉悛傳、南史梁平王偉傳、南史謝弘微傳、孔珪傳、武陵昭王曄傳、朱異傳等各傳中，均有營造宮室甲第，莊園庭院的記載，足證當時興建華麗園林宮室的盛況。

抑有進者，自宋齊以來，豪貴設女伎的情況，日益普遍，披覽史籍，時時可見，今略舉數則，以見一斑。

㈠南齊書到僞傳：

妓妾姿藝，皆窮上品。

㈡又張瓌傳：

居室豪富，伎妾盈房。

㈢梁書曹景宗傳：

妓妾至數百，窮極錦繡。

㈣又夏侯夔傳：

後房伎妾，曳羅縠、飾金翠者，亦有數百。

㈤又魚弘傳：

恣意酣賞，侍妾百餘人，不勝金翠，服翫車馬，皆一時之窮。

㈥又夏侯亶傳：

晚年好音樂，有伎妾十數人，並無被服姿容，每有客，常隔簾奏之，時人謂簾爲夏侯伎衣。

㊆南史羊侃傳：

性豪侈，善音律，自造采蓮、棹歌兩曲，甚有新致。妾姬列侍，窮極奢靡。有彈箏人陸太喜著鹿角爪，長七寺。儛人張淨琬腰圍一尺六寸，時人咸推能上儛。又有孫荊玉能反腰帖地，銜得席上玉簪。敕賚歌人王娥兒，東宮亦賚歌者屈偶之，並妙盡奇曲，一時無對。初赴衡州，於兩艖䑸起三間通梁水齋，飾以珠玉，加之錦繢，盛設帷屏，列女樂。乘潮解纜，臨波置酒，緣塘傍水，觀者塡咽。大同中，魏使陽斐與侃在北嘗同學，有詔命侃延斐同宴。賓客三百餘人，食器皆金玉雜寶，奏三部女樂。至夕，侍婢百餘人俱執金花燭。

㊇又柳惔傳：

性愛音樂，女伎精麗。

㊈又梁宗室臨川敬惠王宏傳：

後宮數百千人，皆極天下之選。

在這種蓄養女伎的鼎盛風氣下，社會道德的敗壞淫亂，自可想見。

二　民風愛美

愛美原本出自於人類的天性，在典籍中最早記載愛美之情的便是論語八佾篇：『子謂韶，盡美矣，又盡善也。謂武，盡美矣，未盡善也。』這是孔子讚歎虞舜周武所作音樂之美。可見欣賞美原是不分凡聖的。降至漢末，由於儒家道統約束力的衰弛，及老莊自由思想的發揚，文士們擺脫了此一傳統教條的桎梏，可以隨心所欲的去欣賞與追求美的世界，因此，在這種天時、地利的配合中，建立了純粹的審美觀念。

至於審美的範圍，也自最初的山川景物，漸漸推廣到人的形體，於是一般文士，遂逐漸重視自己容止的修飾。如顏之推所言：『南朝貴游子弟無不燻衣剃面，傅粉施朱，駕長簷車，跟高齒屐，坐棊子方褥，憑斑絲隱囊，列器玩於左右，從容出入，望若神仙。』（顏氏家訓勉學篇）無論舉手投足，談玄論道，莫不使之美化，如齊之褚淵：

美儀貌，善容止，俯仰進退，咸有風則。每朝會，百遼遠國莫不延首目送之。宋明帝嘗歎曰：『褚淵能遲行緩步，便持此得宰相矣。』（南齊書本傳）

梁之王茂：

身長八尺，潔白美容觀。齊武帝布衣時，見之歎曰：『王茂年少，堂堂如此，必爲公輔之器。』（梁書本傳）

又何敬容：

身長八尺，白皙美鬚眉，性矜莊，衣冠尤事鮮麗，每公庭就列，容止出入。（梁書本傳）

都深爲一般人所企慕。南朝人不但追求姿貌舉止的美，更進而講求服飾的考究與華麗。如宋朝的謝靈運，便是『性奢豪，車服鮮麗，衣裳器物多改舊制，世共宗之，咸稱謝康樂。』（宋書本傳）其所以如此無非是想要引人注意罷了。

愛美之情雖是與生俱來，但未有似南朝人這般强烈，上自帝王卿相，下逮販夫走卒，莫不爲美的崇拜者，因此，對文學風氣實有不可輕視的影響力。

文學的產生原本就是直接取材生活，反應現實的。齊梁文人，終日在錦衣玉食，酒色聲伎的包圍下，耳聆五音，目迷五色，外加上本身又特別重視美的追求，表現在作品的內容與形式上，自然是競向唯美途徑發展了。

第五節　文學思潮

觀念的轉變對文學發展有極重要的影響力，齊、梁時代的文風，實受當時的文藝思潮所左右。玆就文學觀念的明晰與價值提升及文學理論的建設二方面略加闡述。

一　文學觀念的明晰與價值的提升

先秦時期所謂『文學』，不過泛指一般學術而言，文人們對文學並無明確的認識與了解，兩漢之世，班固、王逸及揚雄，則多以儒家倫理道德的標準來衡量，因此，魏晉以前的文學作品，大體而言，只不過是紀事載言；或宣揚敎化的工具與儒學的附庸罷了，卽使是以『侈麗閎衍』而著稱於世的辭賦，也不例外的被套上道德和功用的外衣，成爲『美刺』『諷諫』的傀儡面具。

降及曹魏，由於政治的動盪不安，儒家倫理道德已失去了約束的力量，老莊思想又正值此際深入人心，連帶使文學也漸自學問道德的領域中逐步解放出來，轉趨於個人的浪漫發展。曹丕在他的典論論文中說：『蓋文章，經國之大業，不朽之盛事。年壽有時而盡，榮樂止乎其身，二者必至之常期，未若文章之無窮。』此是將文學價值提升至與道德事功相等的地位。至晉代陸機文賦中，公然提出內容應與形式並重，且文學要投注個人情感與想像的主張，他說：『理扶質以立幹，文垂條而結繁。』又云：『詩緣情而綺靡。』『每自屬文，尤見其情。』這些都是漸次脫離儒家倫理觀念的束縛，對當代文學發展自然有深遠的影響。此外，專門論文的著作及文集編纂的書籍，如李充的翰林論，摯虞的文章流別志論，文章流別集等書，也一天天多了。

到了南朝，宋文帝首先設立儒、玄、史三館，且別立文學館；文帝立總明觀，分儒、道、文、史、陰陽五科，這正是將文學有別於其他學術的明證。梁代昭明太子編文選，在選文的標準中，更大膽的將文學自經、史、子傳中分別出來：

所謂坐狙丘，……曲逆之吐六奇，蓋乃事美一時，語流千載，概見墳籍，旁出子史。若斯之流，又亦繁博，雖傳之簡牘，而事異篇章，今之所集，亦所不取。至於記事之史，繫年之書，所以褒貶是非，紀別異同，方之篇翰，亦已不同。若其讚論之綜緝辭采，序述之錯比文華，事出於沈思，義歸乎翰藻，故與夫篇什，雜而集之。（文選序）

最後，至簡文帝提出『立身之道與文章異，立身先須謹重，文章且須放蕩。』（誡當陽公大心書）時，重視文學的獨立生命可說已到達了極盛的高峯。

自以上觀念與價值的一系列變遷中，可知文學自最先附屬於道德的次要地位，逐漸脫穎爲純粹藝術的至高身分，而得以蓬勃發展，則是六朝唯美文學興盛的重要關鍵所在。

二　文學理論的建設

理論建設的工作，乃是配合了文學的轉變與發展。自曹丕寫典論論文，開風氣於先，將文學列爲專門討論的對象，陸機文賦起而繼之，在寥寥二千言中，舉凡文章的立意、運思、命筆、遣詞、條理、聲色、剪裁、弊病，以至文學的重要，文思的開塞等，皆暢加論述，爲文學理論奠下了鴻基，更是漢魏重文章內容轉爲齊梁重修辭形式的橋樑。下逮東晉，葛洪的抱朴子認爲，文學由質而文是必然的進步路線，而其所謂的文，又是趨於陸機『會意尚巧，遣辭貴姸』的理論，可說是偏重於文采的雕飾，到了梁代，文學創作大量產生，文學思想的創新與理論建設，均頗可觀。玆將齊梁時重要文學見解略述於次：

一、守舊派

以裴子野、鍾嶸、劉之遴等爲代表。他們的見解十分保守，注重學古，及多識古文奇字，對史學、考古、校讎等方面貢獻頗巨，但在理論建設上却沒什麼成就。

二、趨新派

以蕭綱、蕭子顯、徐陵等屬之。此派的文學主張，可分下列二點說明。

❶**文學放蕩論**　簡文帝在誡當陽公大心書中云：『汝年時尙幼，所缺者學，可久可大，其惟學歟。所以孔丘言：「吾嘗終日不食，終夜不寢，以思，無益，不如學也。」若使面牆而立，沐猴而冠，吾所不取。立身之道，與文章異，立身先須謹愼，文章且須放蕩。』在此他提出了卓越的見解，便是將文章自道德中分別出來，並以純粹文學的立場，把爲人與作文劃分了清楚的界線。此正表現出他對文學藝術獨立性的重視。所謂『立身之道與文章異』，是明白的交待，言行須嚴守道德規範，不可有踰閑蕩檢之事，而『文章且須放蕩』，則是指寫作的活動，要無拘無束，完全脫離載道致用的限制，及陳規舊矩的束縛，使文思能縱橫馳騁，自由發展。也唯有如此，才可與嚴謹的立身生活相互諧和調劑，這一論點，不單顯示出簡文帝對人性有較通達的了解，而且更是文學觀念轉變上的一大進步與突破。（參用今人王紘久氏梁簡文帝的文學見解及其宮體詩之說〇現代學苑九卷九期）

❷**文學新變說**　趨新派的寫作重點，在於追求形式華美，講求聲律、對偶、注意篇章結構；且擺脫傳統清規戒律的束縛，自出新意，陳書徐陵傳云：『其文頗變舊體，緝裁巧密，多有新意。每一文出手，好事者已傳寫成誦，遂被之華夷，家藏其本。』由此可知，他們寫作的對象和技巧，是隨著時代不斷地在改變，在推新除舊，宮體作家蕭繹也曾說：『夫世代亟改，論文之理非一；時事推移，屬詞之體或異。』（內典碑銘集林序），而這種『出言異句』，『下筆殊形』的理論，在蕭子顯南齊書文學傳論中，便加

以有系統的闡述：

> 習玩爲理，事久則瀆，在乎文章，彌患凡舊，不能代雄。建安一體，短長互出；潘、陸齊名，機、岳之文永異。江左風味，盛道家之言，郭璞舉其靈變，許詢極其名理。仲文玄氣，猶不盡除；謝混情新，得名未盛。顏、謝並起，乃各擅奇，休、鮑後出。咸亦標世：朱藍共妍，不相祖述。

此外，蕭綱在與湘東王書中，也曾提到文學應吟詠性情，操筆寫志，不必擬內則之篇，摹酒誥之作。這些都是力陳文章求新求變的意見。因此，他們對於當時新興的五言詩，極稱頌其價值，南齊書文學傳評其爲『五言之製，獨秀衆品』，正是出以創造新奇的觀念，來大膽的肯定此一新文體。再者，對當時江南流行的吳歌西曲，這種抒發男女眞摯情感的歌謠形式，自然視若珙璧，大量採納，並由此而造成宮體詩的全盛，而蕭綱本人就是宮體詩的首創者。

> 梁簡文帝爲太子，好作豔詩，境內化之，浸以成俗，謂之宮體。（大唐新語）

由此可知，這些力求新變的見解，正是趨新派在發展文學形式上所做的努力。（參用今人周勛初氏之說○見中國中古文學史等七書）

三、折衷派

以劉勰開其先，蕭統主其盟，劉孝綽則爲其羽翼。蕭統與蕭綱雖是兄弟，但是他們的文學思想却不盡相同，前者是高呼文學至上，典麗之外，更須放蕩而爲，與德行毫不相干，是純粹唯美文學的浪漫作風，後者則主張文章應高雅典麗，過與不及，均非所宜，乃是以唯美文學中的正統派自居，今舉其理論之尤要者，分別一述之。

❶**文學進化論**　葛洪抱朴子鈞世篇有云：『古書之多隱，未必昔人故欲難曉，或世異語變，或方言不同，經荒歷亂，埋藏積久，簡編朽絕，亡失者多，或雜續殘缺，或脫去章句，是以難知，似若至深耳。』此段說明古書之所以艱奧難懂，並非今人智慧不足，且後人作品，往往更有勝於前哲之處，昭明繼承此一今必勝古的觀念，以為文學的進步乃是由質趨文，由樸趨麗，由載道的實用功能轉入純為藝術的領域。其文選序中對此觀念闡述甚詳：

若夫椎輪為大輅之始，大輅寧有椎輪之質，增冰為積水所成，積水曾微增冰之凜。何哉，蓋踵其事而增華，變其本而加厲。物既有之，文亦宜然，隨時變改，難可詳悉。

但早在先前，劉勰已有此種觀念，其文心雕龍通變篇云：

黃唐淳而質，虞夏質而辨，商周麗而雅，楚漢侈而豔，魏晉淺而綺，宋初訛而新。

又贊云：

文律運周，日新其業，變則其久，通則不乏。趨時必果，乘機無怯，望今制奇，參古定法。

這都是以變動的歷史眼光，對文學發展的軌跡所做的綜合觀察。

❷**緣情說**　首先提出以情感為創作活動的心理依據者，為晉代的陸機。文賦云：

佇中區以玄覽，頤情志於典墳。遵四時以歎逝，瞻萬物而思紛，悲落葉於勁秋，喜柔條於芳春。

心懍懍以懷霜，志眇眇而臨雲，詠世德之駿烈，誦先人之淸芬。游文章之林府，嘉麗藻之彬彬。慨投篇而援筆，聊宣之乎斯文。

又云：

每自屬文，尤見其情。

又云：

詩緣情而綺靡。

皆在探討文章的本原。因文學創作的目的，是在抒發一己的情感，所以文學是不能脫離情感而獨立的。缺乏眞實情感的作品，必流於矯揉造作，或無病呻吟。劉勰也有相同的看法，他在文心雕龍情采篇中說：

昔詩人什篇，爲情而造文，辭人賦頌，爲文而造情。何以明其然，蓋風雅之興，志思蓄憤，而吟詠情性，以諷其上，此爲情而造文也。諸子之徒，心非鬱陶，苟馳夸飾，鬻聲釣世，此爲文而造情也。故爲情者要約而寫眞，爲文者淫麗而煩濫。

其中，對爲情而造文的詩人篇什大加讚賞。蕭統亦云：

詩者，蓋志之所之也，情動於中而形於外。（文選序）

認爲只有『綜緝辭采，錯比文華，事出沈思，義歸翰藻』的作品，才稱得上是文學，因此，他將經、史、子全摒除於文學範疇之外，換言之，他們均認定感情才是文學的基本動力，惟有出於至情至性的感人作品，才有價值。

③**形式內容並重說**　文學創作，應是動之於內爲情，發之於外爲采，內外兼顧，情采交融。因此，徒有質而無文，或文而無質，均無價值可言，昭明雖提倡美文，但流於淫靡，或徒重外形的，均不列入他選文的範圍之內，他在荅湘東王求文集及詩苑英華書中說得尤爲淸楚：

夫文典則累野，麗則傷浮，能麗而不浮，典而不野，文質彬彬，有君子之致。吾嘗欲爲之，但恨未逮耳。

只有華而有實，麗不傷浮，形式內容兼顧的作品，才是達到所謂文質彬彬的最高境界。蕭統的這種主張，爲他作集序的劉孝綽也有相同的論調：

竊以屬文之體，鮮能周備：長卿徒善，旣累爲遲；少孺雖疾，俳優而已；子淵淫靡，若女工之蠹；子雲侈靡，異詩人之則；孔璋詞賦，曹植勸其修今；伯喈答贈，摯虞知其頗古；孟堅之頌，尚有似贊之譏；士衡之碑，猶聞類賦之貶。深乎文者，兼而善之，能使典而不埜，遠而不放，麗而不淫，約而不儉，獨善衆美，斯文在斯。（昭明太子集序）

這與昭明的見解，是同出一轍，若合符節的。

第六節　帝王提倡

劉禹錫嘗說：『八音與政通，而文章與時高下。』一代政治，足以左右當代的文學，而文學的盛衰，和政治領導人物之間，亦有著密不可分的關係。

例如漢代，由於武帝及淮南王，梁孝王均雅好文辭，文風因此大振。又如魏代，曹氏父子開創了建安文學的盛況，只憑少數大力者的提倡，便有如此好的效果，則南朝帝王宗室，在以文藝相競的情況下，其成就自當遠軼前代，光芒四射。

南史文學傳云：『自中原鼎沸，五馬南渡。綴文之士，無乏於時。降及元康，其流彌盛。蓋由時主儒雅，篤好文章，故才秀之士煥乎雲集。武帝每所臨幸，輒命羣臣賦詩。其文盛者，賜以金帛。是以縉紳之士，咸知自勵。』宋武帝劉裕，雖是以征戰討伐起家的武夫，却頗尊重文人，史稱其『好文章，天下咸以文采相尙。』（齊書王儉傳）皇族中亦不乏有文采之士，其中包括文帝與寫世說新語的劉義慶，文心雕龍時序篇形容當時是：

自宋武愛文，文帝彬雅，秉文之德，孝武多才，英采雲構；自明帝以下，文理替矣。

正由於領導人物對文學的愛好，方有元嘉詩壇的盛況。

齊承宋祚，齊高帝博學愛文，據南齊書所載，宗室諸子如竟陵王子良，鄱陽王鏘，江夏王鋒，豫章王嶷，衡陽王鈞等，均以能文著稱，扢揚風雅，不遺餘力。其中，竟陵王蕭子良的西邸，豫章王蕭嶷的藩府，皆爲當時騷人墨客薈集的場所。連梁武帝蕭衍都曾經加入西邸的集團，成爲『竟陵八友』之一呢！而『竟陵八友』就是蕭齊立國二十四年之中所產生的文學俊彥。

接著便是蕭梁時代，梁祚雖僅五十年，但是文運却是六朝中最興盛的。推究其源，實應歸功於武帝父子的提倡。

梁武帝以開國能文之主，博學多藝，即位之後，博求人才，誕敷文教，一時之間，吟詠之士雲集，梁書武帝本紀則稱讚他說：『天情睿敏，下筆成章。千賦百詩，直疏便就，皆文質彬彬，超邁今古。』惟當時社會風氣，已日趨淫靡，奢侈豔麗的情致充滿篇章，武帝作品，亦浸染豔情，不能革除靡靡浮薄的氣習。太子蕭統篤好學問，『讀書數行並下，過目皆憶。每遊宴祖道，賦詩至十數韵。或命作劇韻賦之，皆屬思便成，無所點易。』（梁書昭明太子傳）可惜短命早逝。第三子簡文帝自幼便敏睿聰慧，識悟過人，又博縱儒書，善談玄理，好作豔曲，方有宮體詩的盛行。元帝天才英發，讀書萬卷，能繼承父兄，著述尤爲豐富。其他如宣帝，安成王秀，南平王偉等政治領導人物，莫不均是『篤好文學』『獎勵文學』的儒雅之士。

南朝一經在上位者的全力倡導推動，爭豔炫奇，鋪文飾藻，促成了唯美文風的全盛，南史文學傳序說得好：

> 蓋由時主儒雅，篤好文章，故才秀之士，煥乎俱集於時。

以上不過舉其概要而已，其詳情具見於吾師張仁青先生所著之魏晉南北朝文學思想史第五章中，玆迻錄如左：

(二) 南朝時代右文帝王簡表

國號	稱號姓名	右文事蹟	備註
宋	武帝 劉裕	自宋武愛文，文帝彬雅，秉文之德。孝武多才，英采雲搆。自明帝以下，文理替矣。爾其縉紳之林，霞蔚而飆起。王袁聯宗以龍章，顏謝重葉以鳳采，何范張沈之徒，亦不可勝也。	文心雕龍時序篇
		永初三年，詔建國學。	宋書本紀
	文帝 劉義隆	元嘉十五年，立儒學館於北郊，命雷次宗居之。十六年，又命何尚之立玄素學，何承天立史學，謝元立文學，各聚門徒，多就業者。江左風俗，於斯爲美，後言政化，稱元嘉焉。	南史本紀
		好爲文章，自謂人莫能及，照悟其旨，爲文章多鄙言累句。咸謂照才已盡，實不然也。	南史鮑照傳
	孝武帝 劉駿	帝少讀書，七行俱下，才藻甚美。	南史本紀
		宋孝武好文章，天下悉以文采相尚，莫以專經爲業。	南史王儉傳
		帝好讀書，愛文義，在藩時撰江左以來文章志，又續衞瓘所注論語二卷。及卽大位，舊臣才學之士多蒙引進。	南史本紀

宋明帝博好文章，才思朗捷，常讀書奏，號稱七行俱下。每有禎祥及行幸宴集，輒陳詩展義，且以命朝臣，其戎士武夫則託請不暇，困於課限，或買以應詔焉。於是天下向風，人自藻飾，雕蟲之藝，盛於時矣。（裴子野雕蟲論）

明帝 劉彧

宋明帝泰始六年，置總明觀以集學士，或謂之東觀，置東觀祭酒一人，總明訪學郎二人，儒、玄、文、史四科，科置學士十人，其餘令史以下各有差。是歲，以國學既立，省總明觀，於儉宅開學士館，以總明四部書充之。（南史王儉傳）

臨川王 劉義慶

愛好文義，才學之士，遠近必至。袁淑文冠當時，引爲衞軍諮議，其餘吳郡陸展，東海何長瑜、鮑照等，並有辭章之美，引爲佐史國臣。著有徐州先賢傳、典敍、世說新語等。（宋書本傳）

齊

高帝 蕭道成

帝博學，善屬文。（南齊書本紀）

齊高帝雖不以才學名，然少爲諸生（劉瓛傳論）。從雷次宗受業治禮及左氏春秋（本紀）。爲領軍時，與謝超宗共屬文，愛超宗才翰（超宗傳）。即位後，見武陵王奕效謝康樂體詩，訓之曰，康樂放蕩，作體不辨首尾，安仁士衡，深可宗尚，顏延之抑其次也。是帝之深於詩文也（奕傳）。又嘗與王僧虔賭書，畢，謂僧虔曰，誰爲第一。僧虔曰，臣書第一，陛下亦第一。帝笑曰，卿（二十二史劄記 齊梁之君多才學）

		可謂善自爲謀（僧虔傳）。是帝之精於書法也。	
竟陵王	蕭子良	禮才好士，天下才學皆遊集焉。招致學士鈔五經、百家，爲四部要略千卷。又著內外文筆數十卷。	南齊書本傳
		齊竟陵王開西邸，招文學，帝與沈約等並遊，號曰八友。	梁書武帝紀
寧都縣侯	蕭子顯	好學，工屬文。嘗著鴻序賦，沈約見之，極爲傾倒。又採衆家後漢書，考正同異，作後漢書一百卷。又撰齊書六十卷，普通北伐記五卷，貴儉傳三十卷，文集二十卷。	二十二史劄記齊梁之君多才學
新浦縣侯	蕭子雲	有文藻，弱冠撰晉書，年二十六，書成百餘卷。又工書，百濟國使人求其書，値子雲將出都，使者望船，一步一拜，子雲遣問之，曰，侍中尺牘之美，名聞海外，今日所求，惟在名迹。乃停舟，書三十紙與之。	同　上
梁			
武　帝	蕭　衍	少而篤學，洞達儒玄。雖萬機多務，猶卷不輟手，燃燭側光，常至戊夜。造制旨孝經義，周易講疏，及六十四卦、二繫、文言、序卦等義，樂社義，毛詩答問，春秋答問，尚書大義，中庸講疏，孔子正言，老子講疏，凡二百餘卷，並正先儒之迷，開古聖之旨。又令明山賓等覆述制旨，並撰吉凶軍賓嘉五禮，凡一千餘卷。又造通史，躬製贊序，凡六百卷。天情睿敏，下筆成章，千賦百詩，直疏便就，皆文質彬彬，超邁今古。詔銘贊誄，箴頌牋	梁書本紀

奏，凡諸文集，又百二十卷。並撰金策三十卷。兼篤信正法，尤長釋典，製涅盤、大品、淨名、三慧諸經義記，復數百卷。聽覽餘閑，卽於重雲殿及同泰寺講說，名僧碩學、四部聽衆，常萬餘人。歷觀古昔帝王人君，恭儉莊敬，藝能博學，罕或有焉。

自中原沸騰，五馬南渡，綴文之士，無乏於時。降及梁朝，其流彌盛，蓋由時主儒雅，篤好文章，故才秀之士，煥乎俱集。於時武帝每所臨幸，輒命羣臣賦詩，其文之善者賜以金帛。是以搢紳之士，咸知自勵。

南史文學傳序

制造禮樂，敦崇儒雅，自江左以來，年踰二百，文物之盛，獨美于茲。

南史梁武帝紀論

自高祖卽位，引後進文學之士，劉苞及從兄孝綽、從弟孺、同郡到溉、溉弟洽、從弟沆、吳郡陸倕、張率並以文藻見知，多預讌坐，雖仕進有前後，其賞賜不殊。

梁書文學傳

方今皇帝，資生知之上才，體沈鬱之幽思，文麗日月，賞究天人，昔在貴游，已爲稱首。況八紘既奄，風靡雲蒸，抱玉者聯肩，握珠者踵武。固以睥漢魏而不顧，呑晉宋於胸中。

鍾嶸詩品序

生而聰叡，三歲受孝經、論語，五歲徧讀五經。及長，讀書數行

	並下，過目皆憶。每遊宴祖道，賦詩至十數韻。或命作劇韻賦之，皆屬思便成，無所點易。著文集二十卷，古今典誥文言，爲正序十卷，五言詩之善者爲文章英華二十卷。引納才學之士，賞愛無倦。恒自討論篇籍，或與學士商榷古今，閒則繼以文章著述，率以爲常。于時東宮有書幾三萬卷，名才並集，文學之盛，晉宋以來未之有也。	梁書本傳
昭明太子　蕭　統	昭明太子愛文學士，常與筠及劉孝綽、陸倕、到洽、殷芸等遊宴玄圃，太子獨執筠袖撫孝綽肩而言曰：『所謂左把浮丘袖，右拍洪崖肩。』其見重如此。筠又與殷芸以方雅見禮焉。	梁書王筠傳
	爰逮有梁，宏材彌劭。昭明太子業膺守器，譽貞問寢，居肅成而講藝，開博望以招賢，搴中葉之詞林，酌前修之筆海。周巡緜嶠，品盈尺之珍，楚望長瀾，搜徑寸之寶。故撰斯一集，名曰文選，後進英髦，咸資準的。	李善上文選注表
簡文帝　蕭　綱	太宗幼而敏睿，識悟過人，六歲便屬文，高祖驚其早就，弗之信也，乃於御前面試，辭采甚美。高祖歎曰：『此子，吾家之東阿。』既長，器宇寬弘，未嘗見慍喜。方頰豐下，鬚鬢如畫，眄睞則目光燭人。讀書十行俱下。九流百氏，經目必記，篇章辭賦，操筆立成。博綜儒書，善言玄理。引納文學之士，賞接無倦，恒討論篇籍，繼以文章。高祖所製五	梁書本紀

經講疏，嘗於玄圃奉述，聽者傾朝野。雅好題詩，其序云：『余七歲有詩癖，長而不倦。』然傷於輕豔，當時號曰『宮體』。所著昭明太子傳五卷，諸王傳三十卷，禮大義二十卷，老子義二十卷，莊子義二十卷，長春義記一百卷，法寶連璧三百卷，並行於世焉。

太宗幼年聰睿，令問夙標，天才縱逸，冠於今古。

元帝蕭繹

世祖聰悟俊朗，天才英發。年五歲，高祖問：『汝讀何書。』對曰：『能誦曲禮。』高祖曰：『汝試言之。』即誦上篇，左右莫不驚歎。既長好學，博總羣書，下筆成章，出言爲論，才辯敏速，冠絕一時。性不好聲色，頗有高名，與裴子野、劉顯、蕭子雲、張纘及當時才秀爲布衣之交，著述辭章，多行於世。所著孝德傳三十卷，忠臣傳三十卷，丹陽尹傳十卷。注漢書一百一十五卷，周易講疏十卷，內典博要一百卷，連山三十卷，洞林三卷，玉韜十卷，補闕子十卷，老子講疏四卷，全德志、懷舊志、荆南志、江州記、貢職圖、古今同姓名錄一卷，筮經十二卷，式贊三卷，文集五十卷。

梁書本紀

帝出言爲論，音響若鐘。及爲荆州刺史，起州學宣尼廟。嘗置儒林參軍一人，勸學從事二人，生三十人，加稟餼。帝工書善畫，自圖宣尼像，爲之贊而書之，時人謂之三絕。

性愛書籍，既患目，多不自執卷，置讀書左右，番次上直，晝夜爲常，略無休已，雖睡，卷猶不釋。五人各伺一更，恒致達曉。常眠熟大鼾，左右有睡，讀失次第，或偷卷度紙。帝必驚覺，更令追讀，加以檟楚。雖戎略殷湊，機務繁多，軍書羽檄，文章詔誥，點毫便就，殆不游手。常曰：『我韜於文士，愧於武夫。』論者以爲得言。

南史本紀

陳　後主　陳叔寶

後主荒於酒色，不恤政事，左右嬖佞珥貂者五十人，婦人美貌麗服巧態以從者千餘人，常使張貴妃孔貴人等八人夾坐，江總孔範等十人預宴，號曰狎客。先令八婦人襞采箋，製五言詩，十客一時繼和，遲則罰酒，君臣酣飲，從夕達旦，以此爲常。

南史本紀

後主昔在儲宮，早標令德，及南面繼業，寔允天人之望矣。至於禮樂刑政，咸遵故典，加以深弘六藝，廣闢四門，是以待詔之徒，爭趨金馬，稽古之秀，雲集石渠。自魏正始、晉中朝以來，貴臣雖有識治者，皆以文學相處，罕關庶務，朝章大典，方參議焉，文案簿領，咸委小吏，浸以成俗，迄至于陳。後主因循，未遑改革。

陳書本紀論

後主嗣業，雅尚文詞，傍求學藝，煥乎俱集。每臣下表疏及獻上賦頌者，躬自省覽，其有辭工，則神筆賞激，加其爵位，是以搢紳之徒，咸知自勵矣。若名位文學晃著者，別以功迹論。

陳書文學傳序

> 陳書江總傳
>
> 總好學，能屬文，於五言七言尤善，然傷於浮豔，故爲後主所愛幸。多有側篇，好事者相傳諷翫，于今不絕。

第七節　文學集團

南朝君主，雖然在政治上顯得昏庸無能，乏善可陳，但在文學上却是熱心倡導，不遺餘力的。他們不僅本身對文學有高深的造詣和濃烈的喜愛，而且還繼承了古人招納文士的遺風，羅致傑出人才以充實朝廷藩府，一般文人亦樂於攀龍附鳳，投其所好，待到宴會狎遊，酒酣耳熱之際，爲了附和主人的興趣而動筆，寫出一些『憐風月，狎池苑，述恩榮，敍酣宴』的作品，若因此而能得到主子賞識，聲價便可倍增，說不定還有升遷的機會。所以，在當時，有不少飽學之士，以文學迎合皇室貴族的愛好，遊於諸王門下，於是，宋、齊、梁、陳之間的文風，在君王的讚助倡導和文士們的環繞附和之下，逐漸形成以皇室爲中心的許多集團。

這些依附在集團中生活的文人，爲了他們本身的利益或政治目的，多投合主人的喜好，而作品的風格，亦多有一致的傾向，如此，個人眞實的性格與情感，就不容易表現出來，這就是爲何我們閱讀南朝作品，多少總感覺有些『千人一面』的原因了。

吾師張仁靑先生所著魏晉南北朝文學思想史論第五章將齊梁兩代之文人集團曾詳加探究，茲迻錄於次，並略加增益。

㊂ 齊梁文人集團一覽表

集團名稱	時代	地點	領導者	參與者	備註
西邸學士	齊	建康	蕭子良	劉繪・張融・周顒・王僧孺・范縝・孔休源・江革・何僩・虞羲・丘國賓・謝璟・陸慧曉・蕭文琰・丘令楷・江洪・劉孝孫・謝顥・張充・王思遠・王亮・宗夬・何昌寓・竟陵八友	南齊書・梁書南史各本傳
竟陵八友	齊	建康	蕭子良	謝朓・王融・任昉・沈約・陸倕・范雲・蕭琛・蕭衍	梁書武帝紀
王儉	齊	建康	王儉	孔逷・何憲・王融・王濟・王澄	南齊書各本傳
文惠太子	齊	建康	蕭長懋	沈約・周顒・虞炎・袁廓・范岫	南史本傳
梁武帝	梁	建康	蕭衍	沈約・江淹・任昉・到沆・丘遲・王僧孺・張率・劉苞・劉孝綽・劉孺・到溉・到洽・陸倕・謝覽・周興嗣・袁峻・劉峻・何思澄・謝徵・劉之遴・劉顯・殷芸・阮孝緒・顧協・韋棱	梁書各本傳及文學傳序

昭明太子	梁	建康	蕭統	王規・殷鈞・王錫・張緬・張纘・劉孝綽・王筠・殷芸・陸倕・到洽・謝舉・張率・劉勰・明山賓・徐勉・陸襄・到溉・劉孺・庾於陵・徐悱・謝幾卿・到沆・劉苞・何思澄	梁書各本傳
梁蘭文帝	梁	建康	蕭綱	庾肩吾・庾信・徐摛・徐陵・劉孝儀・劉孝威・鮑至・張長公・劉遵・江華・陸杲・蕭子顯・王褒・殷不害・庾於陵・徐防・孔鑠・鍾嶸・周弘正・傅弘・吳郎・蕭子雲・劉孺・劉潛・到洽・張勉・王規・張纘・劉苞	梁書各本傳
梁元帝	梁	江陵	蕭繹	王籍・臧嚴・顧協・顏協・裴子野・劉顯・劉之遴・周弘直・鮑泉・宗懍・劉緩・陸雲公・劉杳・劉孝勝・劉孝儀・陰鏗・顏之推・顏之儀・何思澄・徐悱・徐羨之・劉孝綽・劉潛・到溉・孔奐	梁書各本傳
高齋學士	梁	雍州	蕭綱	庾肩吾・徐摛・劉孝威・江伯搖・孔敬通・申子悅・徐防・王囿・孔鑠・鮑至	南史庾肩吾傳
蘭臺聚	梁	建康	任昉	劉孝綽・劉苞・劉孺・陸倕・張率・殷芸・劉顯・到溉・到洽	南史到溉傳
龍門聚	梁	建康	任昉	陸倕・殷芸・到溉・劉苞・劉孺・劉顯・劉孝綽	梁書陸倕傳
蕭子恪家	梁	蘭陵	蕭子恪	蕭子範・蕭子顯・蕭子雲・蕭子暉・蕭滂・蕭確・蕭愷・蕭	梁書蕭子恪傳

族				特等凡十六人	
劉孝綽親族	梁	彭城	劉孝綽	劉孝綽・劉孝儀・劉孝先・劉孝威・劉孝勝・徐勉・徐悱・張嵊・王叔英・劉孺・劉覽・劉遵・劉苞・劉令嫻	梁書各本傳
臨川王	梁	臨州	蕭宏	王僧孺・周捨・殷芸・伏挺・劉勰・鍾嶸・劉苞・劉顯・王筠・丘遲	梁書各本傳
安成王	梁		蕭秀	劉峻・王僧孺・陸倕・劉孝綽・裴子野・庾仲容・謝徵・何遜・夏侯亶・周興嗣・王籍・臧嚴	梁書各本傳
南平王	梁		蕭偉	江革・謝覽・張率・吳均・何遜・蕭子範	梁書各本傳

第二章　齊梁詩概貌

第一節　序　論

人類所以成爲萬物之靈，在於有喜、怒、哀、樂、愛、惡、慾等七情，有情而後有感，有感而後有聲，有聲而後有詩，因此，詩歌的起源，即緣自人類情感的激盪衝動，而人類情感的波動，則又受外物的牽制影響，舉凡四季變化，物換星移，身世飄搖，際遇坎坷，無論其爲自然的或人爲的，皆足以搖盪心靈，這時，非得陳之於詩歌吟詠，則不能紓解抑鬱，宣洩情懷，故孔子云：『詩可以興，可以觀，可以群，可以怨。』（論語陽貨篇）朱子詩集傳序亦云：

或有問於余曰：『詩何爲而作也。』余應之曰：『人生而靜，天之性也，感於物而動，性之欲也。夫既有欲矣，則不能無思，既有思矣，則不能無言，既有言矣，則言之所不能盡，而發於咨嗟詠歎之餘者，必有自然之音響節族而不能已焉。此詩之所以作也。』

由此可知，至情方爲詩歌的源泉，而詩歌又是文學的先導，此乃亙古不變的道理。

一　五言詩

談到五言古詩的起源，歷來衆說紛紜，莫衷一是，有以爲源自五子之歌及詩經、楚辭者，如：

夏歌曰：『鬱陶乎予心。』楚謠曰：『名余曰正則。』雖詩體未全，然是五言之濫觴也。（鍾嶸詩品序）

召南行露，始肇半章；孺子滄浪，亦有全曲；暇豫憂歌，遠見春秋；邪徑童謠，近在成世，閱時取證，則五言久矣。（文心雕龍明詩篇）

其所舉例證，或屬僞古文尚書，或屬歌謠，楚調，卽使有一、二句五言摻雜其間，但也僅是五言之句，而非全體五言詩，故不足採信。

其次，又有以爲起源於漢代者。歷來學者據理考證，更是議論紛紛，難有定論。鍾嶸詩品云：『逮漢李陵，始著五言之目。』乃托始於李陵。蕭統的文選也以『良時不再至』『嘉會難再遇』『攜手上河梁』三首，爲李陵之作，題爲與蘇武。徐陵玉台新詠則認爲『西北有高樓』『青青河畔草』諸作爲枚乘之詩。但自文學進展的軌跡而言，若在枚乘，李陵時代，已有體格如此完美的五言詩，則起源自當在更早遠之前，至少，應與漢初的楚辭及楚歌同時並存。然而在漢初，我們只有見到『大風起兮雲飛揚』，（漢高祖大風歌）『力拔山兮氣蓋』（項羽垓歌下），在武帝時，也只有『秋風起兮白雲飛』（武帝秋風辭），依此看來，虞姬作的虞姬歌，卓文君的白頭吟，枚乘的『西北有高樓』，蘇武，李陵的贈答詩，以及班婕妤的怨歌行，其可靠性自然大打折扣，應多是後人僞托之作。至於古詩十九首，也絕非一人一時所完成，其始當是民間流傳的歌謠，經過長時間和多數人的潤色，才成爲今日所見的形態。

五言詩究竟起源於何時呢？我們所知道最早且最可靠的五言詩，是漢書五行志所載，成帝時代的童謠黃爵謠：

邪徑敗良田。讒口亂善人。桂樹華不實。黃雀巢其巔。昔為人所羡。今為人所憐。

及班固的詠史詩：

三王德彌薄。惟後用肉刑。太倉令有罪。就逮長安城。自恨身無子。困急獨煢煢。

又漢書尹賞傳錄成帝永始、元延間，長安人歌尹賞的諺語云：

安所求子死。桓東少年場。生時諒不謹。枯骨後何葬。

亦屬整齊的五言形態。這些五言詩，寫作技巧仍不够成熟，且具有古拙僵直的氣息，可見其距離草創時代未遠，因此，我們推斷，五言詩的起源大約是在漢成帝建始前後，而當時的五言詩，似乎尚以民歌童謠的方式在民間流傳，雖偶被史家所採用，但一般文人多未加以重視，直至東漢，方被注意，進而大量摹仿創作。（參用今人鄭振鐸氏之說○見中國文學史）

至東漢中葉，有張衡的同聲歌，秦嘉與其妻徐淑的贈答詩，末年，更有蔡邕的詠物詩翠鳥，與蔡琰的長篇五言鉅製悲憤詩及胡笳十八拍，開拓了五言古詩在文學史上的新境界。

自建安以迄宋、齊，是五言詩的極盛時期。這段期間，雖在形體上，無新奇創造，但在作品的藝術精神，及作家的創作態度上，却有重大改變。最顯著的，是詩歌的內容，離開了社會的實用價值，而傾向於個人的浪漫主義。魏代玄學盛行，影響及於文學，正始、太康的作品，競爲說理，絕少抒情，以『理過其辭，淡乎寡味』（詩品）者佔多數。惟東晉末年，陶潛的田園之作，爲詩家開田園一派，被推爲『古今隱逸詩人之宗』，影響頗鉅。

降及劉宋，莊老告退，山水方滋，謝靈運等溶老莊佛理於山水中，形成獨特的詩風。又有鮑照，湯惠休等人仿當時江南吳歌，造成樂府的另一風格。下逮南齊，沈約、謝朓、王融互通聲氣，以四聲製韵，倡聲病之說，啓律詩之漸。至蕭梁時代，武帝父子，俱擅長文學，除昭明外，無不艷曲連篇，促成宮體文學的大興，與文學史上第一次唯美風氣的熾盛。

要而言之，五言詩發展至南朝，內容已多趨輕浮冶艷，文辭一味藻繪雕琢，雖已失去漢魏時代的渾厚矯健，但在注重對偶與拘束聲病之中，却醞釀了唐代近體詩的成功，因此，從詩體演變而言，此一時期的五言詩，實有極重要的地位。

二　七言詩

自文學演進的過程而言，五言古詩既已興起，七言古詩自當步五言古詩之後萌發。舊說謂其起源乃始於漢武帝時的柏梁聯句，顧炎武在日知錄中，考核參加聯句的人名及官名，寫作時代多不相符，爲後人擬作，昭然可知。

亦有謂始於項羽之垓下歌者，其原歌詞爲：

力拔山兮氣蓋世，時不利兮騅不逝。騅不逝兮可奈何，虞兮虞兮奈若何。

更有謂始於漢高祖之大風歌者，其原歌詞爲：

大風起兮雲風揚，威加海內兮歸故鄉，安得猛士兮宅四方。

雖均爲七字一句，但每句之中，皆夾用楚調『兮』字，不能正式算是七言詩。至東漢張衡，在順帝永和初年作四愁詩，除第一句有『兮』字外，其餘均爲七言。其辭曰：

一思曰：我所思兮在太山，欲往從之梁父艱，側身東望淚沾翰。美人贈我金錯刀，何以報之英瓊瑤。路遠莫致倚逍遙，何為懷憂心煩勞。

二思曰：我所思兮在桂林，欲往從之湘水深，側身南望淚沾襟。美人贈我金琅玕，何以報之雙玉盤。路遠莫致倚惆悵，何為懷憂心煩傷。

三思曰：我所思兮在漢陽，欲往從之隴阪長，側身西望淚沾裳。美人贈我貂襜褕，何以報之明月珠。路遠莫致倚踟躕，何為懷憂心煩紆。

四思曰：我所思兮在雁門，欲往從之雪紛紛，側身北望淚沾巾。美人贈我錦繡段，何以報之青玉案。路遠莫致倚增歎，何為懷憂心煩惋。

首句夾用的『兮』字，想必是楚調蛻變的遺跡，雖然格調和後來的七言古詩極爲相似，但仍充份表現著草創時期的古拙氣息，直至曹丕作燕歌行，七言詩方完全成立。燕歌行有二首，第一首尤膾炙人口，其詩云：

秋風蕭瑟天氣涼，草木搖落露為霜。羣燕辭歸雁南翔，念吾客游思斷腸。慊慊思歸戀故鄉，君何淹留寄他方。賤妾煢煢守空房，憂來思君不敢忘，不覺淚下沾衣裳。援琴鳴弦發清商，短歌微吟不能長。明月皎皎照我床，星漢西流夜未央。牽牛織女遙相望，爾獨何辜限河梁。

曹丕以如泣訴的筆墨，刻劃出婦人纏綿悱惻的相思，十分細緻感人。燕歌行原爲漢樂府古題，古辭已亡佚，但自曹丕之後，凡寫此題目者皆爲七言，由此可見，七言詩的形成與樂府亦有密切關係。而與曹丕同時代的作者，有七言作品的並不多，兩晉更是罕見，因此，七言詩雖發生於建安時期，但建安時代終究算不得是七言時代。

南朝七言古詩的發展，功績最大的是鮑照，他的擬行路難十八首，有五首是通體七言，且將句句協韻改爲隔句協韻，形式與風格，對於初盛唐的七言詩與七言歌行體的發展，影響極大。

除此以外，梁朝蕭氏父子亦偶有創作，據丁福保全漢三國晉南北朝詩所載，武帝有清暑殿效梁柏體一首，簡文帝作品較多，詩有和蕭侍中子顯春別四首，應令、擬古、春情、夜望單飛鴈等，元帝則有別詩二首，春別應令四首，宴清言殿作柏梁體，及送西歸內人。而在齊、梁的五、七言詩中，亦有甚多屬於樂府民歌之作。蓋自晉室南渡之後，由於政治中心南移，文化、經濟、社會等重心，亦隨之轉移至長江流域。江南地區，風光明媚，水土柔和，物產豐富，經濟充裕，民性浪漫，大異於黃沙蔽天，土地貧瘠，生活純樸之北方風情。一般渡江名士置身於此優越之環境，文學素材寓目即得，故其作品之風格與情調，亦由古樸遒勁，一變而爲綺麗婉媚之風。

六朝樂府民歌便在此環境下，孕育而成，以吳歌西曲爲主，具有艷麗靡曼，熱情坦率的韻味，是因南朝都市的繁榮，商業的發達，以及民俗、南音的流行而形成獨具特色的詩歌。

又因中原雅音至晉室南渡後多半喪失，遂爲江南民歌所取代，故藉着音樂之助，吳歌西曲傳播益見廣遠，不僅深入都市，且流入上層社會與宮廷皇室，甚至採入朝廷，備於女樂。劉宋以後，世族朝士不僅欣賞，且逐漸模仿學習，從而製作新歌，以扇其風。蓋文學發展，大都由民間擴展至文士，復由文士擴展至宮廷；當其流傳於民間時，面貌尚稱樸實，內容也僅表達百姓單純的喜樂或哀傷，至文士之手，則辭藻更繁，雕鏤益甚，終至宮廷玩賞，生活層面更爲狹窄，遂造成艷麗輕靡的宮體詩。

第二節　山水詩

一　概　說

『山水』一詞，狹義而言，是指自然界的山水，廣義則包括一切舉目所見的自然景象，至於『山水詩』的名號，最早是出現於文心雕龍的明詩篇：

宋初文詠，體有因革，莊老告退，而山水方滋，儷采百字之偶，爭價一句之奇，情必極貌以寫物，辭必窮力而追新。

此段文字中，劉勰所謂『山水方滋』的時代，正是南朝宋齊之際。因此，山水詩便是指在此一時期所盛行，以描寫山水爲目的的風景詩。又據宋書及歷代學者論述或詩家存留作品中觀察，當時大家以謝靈運、鮑照、謝朓等人爲最著，故山水詩亦可說是謝靈運等人所作以模山範水爲代表的詩。

然就南朝詩的內涵言之，山水詩與遊仙、玄言、田園等詩或多或少有神似之處，四者皆是以超塵遠俗，反璞歸眞的老莊思想爲根柢。但進一步探究，則可了解，遊仙詩與玄言詩雖在詩中多有涉及山水景物，但只是作者在求仙、談玄、問道之餘，添加上自然景物的描摹，藉以烘托出道家逍遙高遠的氣氛與境界罷了，這染有虛玄色彩的點綴，是有別於以具體環境爲背景的山水詩的。

至於田園詩，雖也是以自然風景爲主題，但內容上，山水詩多偏於高山大川的刻劃，爲詩人探奇尋幽的實況；田園詩則側重田野鄉村，遠山近水的描寫，乃就眼前景物，興到筆隨。其次，在技巧上，山水詩用詞華美，且合乎『情必極貌以寫物，辭必窮力而追新』（文心雕龍明詩篇）的動態寫實手法；田園詩則以造語樸質，信手拈來，取靜態的寫意方式。由此不難發覺，山水詩與遊仙詩、玄言詩、田園詩雖然貌似，但實則有其根本不同之處。（參用今人王次澄氏之說〇見南朝詩研究第三章）

二　山水詩之起源及其發展

在宋、齊之前，也有許多以自然景物入詩的作品，但多數都如前述，是被借爲比興陪襯，或只是抒情寫志而已，份量上既貧乏單薄，態度也不够積極熱烈，只能視爲醞釀時期，並不能眞正代表山水詩。

山水詩究竟起於何時？言人人殊，迄無定論，有謂起於詩經者，有謂起於晉人之遊仙詩者，亦有謂始於西晉石崇等人所作的金谷園詩者。其實，若以自然景觀入詩而言，當可上溯於詩經與楚辭，如『桃之夭夭，灼灼其華。』（周南桃夭）『北風其涼，雨雪其雱』（邶風北門）『山有扶蘇，隰有荷華』（鄭風山有扶蘇）『蒹葭蒼蒼，白露爲霜。』（秦風蒹葭），『習習谷風，維風及雨』（小雅谷風）『山峻高以蔽日兮，下幽晦以多雨。霰雪紛其無垠兮，雲霏霏而承宇。』（楚辭九章涉江）等，諸如此類，均是寫景之句，但簡單而籠統的詩句，只是當成與發詩情的陪襯而已，絕非文人特別尋訪幽境，或登山臨水所發現的自然美景奇觀。

至漢武帝時，他寫了一首秋風辭：

秋風起兮白雲飛，草木黃落兮雁南歸。蘭有秀兮菊有芳，懷佳人兮不能忘。汎樓船兮濟汾河，橫中流兮揚素波。簫鼓鳴兮發棹歌，歡樂極兮哀情多。少壯幾時兮奈老何。

昭帝也有一首淋池歌：

秋素景兮泛洪波，揮纖手兮折芰荷。涼風淒淒揚棹歌，雲光開曙月低河。萬歲為樂豈云多。

前者是忻然中流時所見的秋景，後者是秋日嬉水的歌詠，均爲流覽所得，情與景雖尚可平衡，但表現技巧粗略，因此就內容言，只可算是山水詩的先驅。

三國時代的曹操，有四言的觀海詩：

東臨碣石，以觀滄海。水河澹澹，山島竦峙。樹木藂生，百草豐茂。秋風蕭瑟，洪波湧起。日月之行，若出其中。星漢燦爛，若出其裏。幸甚至哉，歌以詠志。

曹丕亦作芙蓉池：

乘輦夜行遊，逍遙步西園。雙渠相灌漁，嘉木繞通川。卑枝拂羽蓋，修條摩蒼天。驚風扶輪轂，飛鳥翔我前。丹霞夾明月，華星出雲間。上天垂光彩，五色一何鮮。壽命非松喬，誰能得神仙，遨遊快心意，保己終餘年。

這二首在文句上，已較漢時有稍多變化，結構組織亦趨於立體繁複，但這也只是詩人們偶而有感之作，並非全副專注於描寫山水，因此，也只是由醞釀至成立途中的嚐試之作而已。

直到石崇金谷園詩集的出現，山水詩方告成立。這部詩集，現今僅存潘岳金谷集詩一首，玆迻錄如后：

王生和鼎食，石子鎮海沂。親友各言邁，中心悵有違。何以敍離思，携手遊郊畿。朝發晉京陽，夕次金谷湄。迴谿縈曲阻，峻阪路威夷。綠池泛淡淡，青柳何依依。濫泉龍鱗瀾，激波連珠揮。前庭樹沙棠，後園植烏稗。靈囿繁石榴，茂林列芳梨。飲至臨華沼，遷坐登隆坻。玄醴染朱顏，但愬杯行遲。揚桴撫靈鼓，簫管清且悲。春榮誰不慕，歲寒良獨希。投分寄石友，白首同所歸。

此詩前爲敍事，後以抒情作結，其中『濫泉龍鱗瀾，激波連珠揮』二句，鍊字鑄句的技巧，已不亞於南朝，但當時因老莊玄談仍十分盛行，所以未被重視，然仍可視爲山水詩初期成立的作品。

晉室南渡以後，地理環境的改變，使北方文士得以接觸到南方的山水花木，爲山水詩帶來了新的機運。其中以王羲之的蘭亭之會，所留下的作品最多，雖仍無法完全擺脫談玄說理的影子，但純山水詩的數量已較從前增加不少。

至元嘉時，經長期醞釀的山水詩方大量出現，成爲詩壇主盟。它既是以歌詠自然爲主要題材，且詩人又以親自登山涉水的經驗入詩，因此，描摹的筆法相當細膩眞實，對偶排比，切狀繪色，巧構形似便自然成爲文辭運用的主要方式。文心雕龍物色篇，對山水寫作技巧的成功有詳盡的詮釋：

> 自近代以來，文貴形似，窺情風景之上，鑽貌草木之中。吟詠所發，志惟深遠；體物爲妙，功在密附。故巧言切狀，如印之印泥，不加雕削，而曲寫毫芥。故能瞻言而見貌，卽字而知時也。

其間主要的大家自然首推謝靈運，鮑照及謝朓三人。

謝靈運的一生，充滿了時代與個人的矛盾衝突。他狂傲偏激，極不世故，以至處處樹敵，他始終懷着憤怒不平的抑鬱，因此山水便成爲他積鬱的發洩，與寂寞的知音，而留下了大量的山水詩。他開創了遊記性的寫作方法，形容刻劃，都力求工巧神似，讀他的詩，如面對佳景，有山光水色逼眼而來的感覺。

鮑照山水詩的風格近似靈運，善用細緻繁富的詞彙，及鮮明豔麗的色彩，在鍊字技巧上頗有獨到之處。

南齊的謝朓，也擅長描繪山水，據郝立權謝宣城詩註所作的統計，在現存的一百四十二首詩中，山水詩便佔有三十四首之多。茲各舉三首，以見其凡。

江南倦歷覽。江北曠周旋。懷新道轉迥。尋異景不延。亂流趨正絕。孤嶼媚中川。
雲日相輝映。空水共澄鮮。表靈物莫賞。蘊真誰為傳。想像崑山姿。緬邈區中緣。
始信安期術。得盡養生年。（登江中孤嶼）

晨策尋絕壁。夕息在山棲。疏峰抗高館。對嶺臨迴溪。長林羅戶穴。積石擁階基。
連巖覺路塞。密竹使徑迷。來人忘新術。去子惑故蹊。活活夕流駛。噭噭夜猿啼。
沈冥豈別理。守道自不攜。心契九秋幹。目翫三春荑。居常以待終。處順故安排。
惜無同懷客。共登青雲梯。（登石門最高頂）

開春獻初歲。白日出悠悠。蕩志將愉樂。瞰海庶忘憂。策馬步蘭皋。緤控息椒丘。
采蕙遵大薄。搴若履長洲。白花皜陽林。紫虆曄春流。非徒不弭忘。覽物情彌遒。
萱蘇始無慰。寂寞終可求。（郡東山望溟海詩○以上三首爲謝靈運作）

旅人乏愉樂。薄暮增思深。日落嶺雲歸。延頸望江陰。亂流灇大壑。長霧匝高林。
林際無窮極。雲邊不可尋。惟見獨飛鳥。千里一揚音。推其感物情。則知遊子心。
君居帝京內。高會日揮金。豈念慕羣客。咨嗟戀景沈。（日落望江贈荀丞）

昨日宿南陵。今旦入蘆洲。客行惜日月。崩波不可留。侵星赴早路。畢景逐前儔。

鱗鱗夕雲起。獵獵晚風遒。騰沙鬱黃霧。翻浪揚白鷗。登艫眺淮甸。掩泣望荆流。絶目盡平原。時見遠煙浮。倏悲坐還合。俄思甚兼秋。未嘗違戶庭。安能千里遊。誰令乏古節。貽此越鄉憂。（上潯陽還都道中作）

高山絶雲霓。深谷斷無光。晝夜淪霧雨。冬夏結寒霜。淖坂旣馬領。磧路又羊腸。畏塗疑旅人。忌轍覆行箱。升岑望原陸。四眺極川梁。遊子思故居。離客遲新鄉。新知有客慰。追故遊子傷。（登翻車峴○以上三首爲鮑照作）

宛洛佳遨遊。春色滿皇州。結軫青郊路。迴瞰蒼江流。日華川上動。風光草際浮。桃李成蹊徑。桑榆蔭道周。東都已俶載。言歸望綠疇。（和徐都曹出新亭渚）

積水照赬霞。高臺望歸翼。平原周遠近。連汀見紆直。葳蕤向春秀。芸黃共秋色。薄暮傷哉人。嬋媛復何極。（望三湖）

灞涘望長安。何陽視京縣。白日麗飛甍。參差皆可見。餘霞散成綺。澄江靜如練。喧鳥覆春洲。雜英滿芳甸。去矣方滯淫。懷哉罷歡宴。佳期悵何許。淚下如流霰。有情知望鄉。誰能縝不變。（晚登三山還望京邑○以上三首爲謝朓作）

除上述三家外，在齊梁時詩人的山水作品尚有：劉繪入琵琶峽望積布磯呈玄暉，劉瑱上湘度琵琶磯，梁簡文帝經琵琶峽，沈約循役朱方道路、登玄暢樓、早發定山、泛永康江，江淹渡西塞望江上諸山、謝僕射混遊覽、謝臨川靈運遊山、謝光祿莊郊遊、望荆山、赤亭渚、渡泉嶠出諸山之頂、遊黃蘗山，范雲登三山，丘遲旦發漁浦潭，王僧孺中川長望，庾肩吾遊甑山，吳均至湘洲望南嶽，何遜登石頭城、渡連圻二首、下方山、春夕早泊和劉諮議落日望水、日夕出富陽浦口和朗公、慈姥磯，蕭子雲落日郡西齋望海山，王籍入若邪溪，王筠早出巡行矚望山海，劉孝綽登陽雲樓、夕逗繁昌浦，劉孝儀帆渡吉陽洲，劉孝威登覆舟山望湖北，劉峻自江州還入石頭詩，江洪江行，朱超道夜泊巴陵，陰鏗渡青草湖、登武昌岸望、晚泊五洲等皆是，其中以沈約、江淹、何遜三家作品較豐。

然至齊梁以後，豪門世族，生活日益奢華，各憑優越的政治地位，增益財富，逐漸封山佔澤，鑿池築室，遊樂與趣漸由自然山水轉向庭園山水。生活在這規模宏大的莊園別墅中，觸目所及，盡是人造的山水林泉、宅舍園池、亭台樓閣、草蔬花草，及各種豪華珍貴的裝飾品，開啓了詠物詩的先聲，山水詩至此也慢慢式微了。

第三節　詠物詩

一　概　說

『詠物』一辭，最早見於鍾嶸的詩品，他評劉宋詩人許瑤之云：『許長於短句詠物。』丁福保全漢三國晉南北朝詩存錄了三首許瑤之的作品，均爲五言四句的形式，其中有詠柟榴枕：

端木生河側。因病遂成妍。朝將雲髻別。夜與娥眉連。

或許就是詩品所說的『短句詠物』吧！

至於詠物的對象，歷來並無明確限定。文人對選錄詠物詩集的標準亦有出入，這是因編纂者對『物』廣狹義界的觀點不同，內容自然亦有差別。但我們以爲，詠物應重於吟詠『物』的個體，而非抽象的名物，更不同於衆物組合的『山水』或『風景』，且內容還需符合體物、狀物、窮物之情，或狀物之態的條件，才是眞正的詠物詩。至於以詠物爲名，以寫景或言情爲實者，都不能包括在內。

早在六朝以前，就有類似詠物的作品，漢高祖的鴻鵠歌：

鴻鵠高飛。一擧千里。羽翼已就。橫絕四海。橫絕四海。又可奈何。雖有矰繳，尚安所施。

內容雖含寓意，但文字的表達方式，已略具詠物的規模。又如漢代的郊祀歌：白麟、赤雁、芝房、寶鼎、天馬、白雉及昭帝的黃鵠歌，雖形式爲楚辭體，而其目的則在歌頌祥瑞，只有部份內容與作法接近詠物詩而已，這類作品也可算爲前驅的代表。其後，詠物詩的數量却非常少，直到三國時代，方才見到下列數首：

丹鷄被華采。雙距如鋒芒。願一揚炎威。會戰此中唐。利爪探玉除。瞋目含火光。
長翅驚風起。勁翮正敷張。輕擧奮勾喙。電擊復還翔（劉楨鬥鷄）

蕙草生山北。托身失所依。植根陰崖側。夙夜懼危穨。寒泉浸我根。淒風常徘徊。

三光照八極。獨不蒙昧暉。葩葉永彫悴。凝露不暇晞。百草皆含榮。己獨失時姿。比我英芳發。鶗鴂鳴已哀。（繁欽蕙詠）

席為冬設。簟為夏施。揖讓而坐。君子攸宜。（張純賦席）

守則有威。出則有獲。韓盧宋鵲。書名竹帛。（張儼賦犬）

南嶽之榦。鍾山之銅。應機命中。射隼高墉。（朱異賦弩）

論技巧，談不上體物、狀物，刻畫線條也甚粗糙，但內容描述鬭鷄的外觀、神態與勇猛，或借吟詠蕙草，托物自比或寫物的用途、構材，却是名符其實的詠物詩。下逮西晉，藉着詩人的努力，篇什數量逐漸增加。至於南朝，因特殊的文學環境而蓬勃發展，形成詩壇巨流，甚至自六朝以後，唐人沿之，至清季仍未衰竭。究其原因，首先，我們知道，自荀況賦篇開詠物的濫觴以來，大抵借物寓意，多具絃外之音，有所暗示，卽使有詠物之作，表現技巧也談不上細膩，未及體物、狀物的標準。晉宋之交，因山水詩的普遍，作法講求客觀深刻的描寫，正是『儷采百字之偶，爭價一句之奇。』（文心雕龍明詩篇）而且『體物爲妙，功在密附。故巧言切狀，如印印泥。』（文心雕龍物色篇）就在這種巧構形似的風格影響之下，詩人的觀察力愈來愈細銳，技巧也愈求密緻，不但在文句的對偶與音韻推究上苦心雕琢，一方面則又專注於山水中的草木禽獸，帶向個別的自然發展，促進了詠物詩的發達。

其次，齊梁之後，王公世族，文人雅士，多在庭園造假山水，聚奇石異卉以行樂，遊樂場所從室外大自然移轉入庭園林木，吟詠對象，便由山、池、竹、木，嘉樹珍果，再延至身邊的日常瑣物，如樂器、飾物、用具，故景象逐由大而小，視野由遠而近。且文人集體的吟詠酬唱，已成爲閑暇生活的高尚點綴，也是逞能較技的最佳方式，詩人競於短時成詩，甚至妝奩簾扇，燭燈管弦均窮寫其狀，造成詠物詩的大量增加。

二　詠物詩之題材

至於詠物詩的內容，我們將齊梁詩人所作的詠物詩統計歸納，大底可分下列五種題材：

㈠**天文氣象**：包括日、月、風、雲、雨、雪、煙、霧。

㈡**動物**：包括蟬、蝶、螢、蜂、燕、鳥、鳧、鸂鶒、魚、馬、鶴、鵲、鴈、雀、鷗。

㈢**植物**：包括松、竹、梅、柳、桂、楓、梧桐、杜若、芙蓉、薔薇、梔子、雜花、桃、梨、橘、山榴、蒲、萍、藤、草、青苔、荔枝、女蘿、蓮、石榴、百合、蘭、葱、甘蔗、菰、柰、柿、棗、柑、兎絲。

㈣**室內器物**：席、帳、扇、燈、燭、鏡、几、盤、筆、鏡台、筆格、紙、弓、履、香爐、火籠、幔、燈檠。

㈤**樂器**：琴、琵琶、笙、簫、笛、篪、箏、箜篌。

另外，尚有部份描寫女人及其裝飾品的詠物詩。自梁簡文帝以後，在奢侈淫逸的影響下，女色聲伎方面的享受，成爲貴族生活的重要部份，使得詩人們的注意力，漸由天文、動植物、室內器物等轉移到女人身上，於是，乃全副集中精神，以客觀寫實的態度，形似，切近，細密，雕琢的去描繪女性的容止情態和特殊美感，終於誕生了宮體詩，因此，由山水而詠物，再進爲宮體，這演進的過程和表現的方法，確是有密不可分的關係。

第四節　宮體詩

一　概說

文學是藉由人或事物爲題材，運用思考想像，以文字表現出來的創作。再按照內容形式的不同，分門別類，成爲風格迥異的各個體裁。宮體詩便是興起於宋齊，盛行於梁陳，繼山水、詠物之後，以描寫女性容止情態爲主的一種詩體。它猶如齊的永明體，唐的元和體，宋的西崑體，或明的台閣體一樣，是由『新變』、『輕豔』的特殊風格所形成的流派。

宮體詩受到後人抨彈非議之處頗多，認爲它是內容『滯膩於色情』（陸時雍詩鏡總論），風格『傷於輕豔』（梁書簡文帝紀）的『亡國之音』（隋書文學傳序）。這種詩風雖不合典則，但在中國詩的發展史上，却是不可被抹煞的一頁。

我們知道，文學發展是依次漸進的，任何一種文體，都有其特殊的意義與影響，宮體詩在空間上盛行於南朝，蔓延至北朝。在時間上也經歷宋、齊、梁、陳、隋、唐六代，既雄據詩壇長達數百年，自有其影響與價值，是應以客觀的眼光去探討與分析的。

『宮體』一辭，最早見於梁書簡文帝紀：

太宗（簡文帝）幼而敏睿，識悟過人，六歲便屬文。高祖（梁武帝）驚其早就，弗之信也，乃於御前面試，辭采甚美。高祖嘆曰：『此子吾家東阿。』及居監撫，交納文學之士。……雅好題詩，其序云：『余七歲有詩癖，長而不倦。』然傷於輕艷，當時號曰宮體。

又徐摛傳：

及長，屬文好爲新變，不拘舊體，……王入爲皇太子，轉家令，兼掌管記，尋帶領直。摛文體既別，春坊盡學之，宮體之號自斯而起。

由此可知，『宮體』一辭，是在簡文帝入東宮之後才有的。但這並不代表在梁之前沒有這種輕豔之作，事實上，宋、齊兩代的詩人，如鮑照及其妹鮑令暉，湯惠休，王融，謝朓等，在他們的作品中，已摻雜有類似宮體風格的詩篇了。因此，可以說宮體式的詩，早在宋、齊就已經產生，只不過到了梁代才正式得名罷了。

至於宮體詩形成的原因，一爲政治中心的南移，在偏安江左的思想下，多數人都抱着今朝有酒今朝醉的頹廢人生觀，至使道德淪喪，生活淫靡，一味沈溺於享樂聲色之中。其次是南朝君王皆雅好文辭，重視文人，常聚集宴會，相互競作酬和，詩人們也往往各逞才華，攀龍附鳳，競豔爭奇，終於形成一時潮流。（詳見本書第一章）再者，聲律說的興起與唯美形式主義的盛行，導至詩歌重視雕琢辭藻，鍛鍊字句，以期與靡麗的內涵相配合。在這種內在與外在因素的雙重醞釀下，產生了一條新的道路，便是宮體詩。

二　宮體詩的發展及其全盛

在南北朝詩的發展中，宮體詩的盛行是自然而合理的結果。因爲文學的發展方向，多是先由民間走向知識份子，再從知識份子走向宮廷。在民間流傳時的面貌，多樸質無華，情感眞實，但被文士接納之後，就不免雕琢章句，題材辭藻均爲之擴大豐富，因質樸與單純都不足以滿足他們心靈的要求了。到了王室弟子的手中，生活範圍益形狹隘，耳目見聞，不外絲竹管絃，醇酒美人，作品更無法表現廣大的社會層面，再加上周圍僚屬投其所好，相互酬唱，寖以成俗，風氣便由此開展。

事實上，描繪女性容止之美的詩，早在詩經衞風碩人篇就可概見，其詩云：

……手如柔荑。膚如凝脂。領如蝤蠐。齒如瓠犀。螓首娥眉。巧笑倩兮。美目盼兮。……

惟其後繼踵者不多，良堪玩味。漢代詩賦中雖也有形容女子貌美的辭句，但並非以此爲主，故不能算是宮體詩的前驅。

迨及晉宋，太康詩人如陸機、陸雲兄弟，潘岳、潘尼叔姪及左思、傅玄等，開始模仿當時南方所流行的樂府——吳歌西曲，但也僅是少數偶爾的創作。直至宋湯惠休、鮑照。始有意大量吸取民歌，風格也漸傾於輕豔側麗。劉師培中古文學史曾說：

宮體之名，雖始於梁，然側豔之詞，起源自昔。晉宋樂府如桃葉歌、碧玉歌、白紵詞、白銅鞮歌，均以淫豔哀音被於江左，迄於蕭齊，流風益甚。其以此體施于五言詩者，亦始晉宋之間。後有鮑照，前則惠休，特至於梁代，其體尤昌。

南史顏延之傳評湯惠休云：

延之每薄湯惠休詩，謂人曰，惠休制作，委巷中歌謠耳，方當誤後世。

詩品甚至說：惠休淫靡，情過其才。此外，南齊書文學傳也提及此側麗之詩：

……雕藻淫豔，傾炫心魂，亦猶五色之有紅紫，八音之有鄭、魏，斯鮑照之遺烈也。

詩品評鮑照則謂：

貴尚似巧，不避危仄，頗傷清雅之調，故言險俗者多以附照。

自這些頗富譏刺的評語中，可以想見當時湯，鮑二人亦爲一般文士所排擠，雖有創作，但由於沒有顯赫的社會地位爲後盾，自然無力倡導或影響當時的潮流了。玆錄兩人作品各二首如下：

少年窈窕舞君前。容華豔豔將欲然。為君嬌凝復遷延。流目送笑不敢言。長袖拂面心自煎。願君流光及盛年。（白紵歌）

明月照高樓。含君千里光。巷中情思滿。斷絕孤妾腸。悲風盪帷帳。瑤翠坐自傷。妾心依天末。思與浮雲長。嘯歌視秋草。幽葉豈再揚？……（怨詩行〇以上二首湯惠休作）

白日照前窗。玲瓏綺羅中。美人掩輕扇。含思歌春風。（中興歌）

……纓緜好眉目。閑麗美腰身。凝膚皓若雪。明淨色如神。驕愛生盼矚。聲媚起朱唇。衿服雜緹繢。首飾亂瓊珍。調絃俱起舞。為我唱梁塵。……（學古〇以上二首鮑照作）

在宋齊時代的豔情詩，尙屬嘗試階段，未曾普及於上層社會，故其形式與內容，仍多模倣江南民謠。這種影響宮體詩甚巨的民歌，原起於南方民間，自晉室南渡後，逐漸爲詩人所喜愛，而將其鎔鑄於詩句之中，它本身雖沒有華麗的辭藻，却是含蓄質樸，淸新可愛。晉書樂志云：

吳歌雜曲，並出江南，東晉以來，稍有增廣。其始皆徒歌，旣而被之管弦。蓋自永嘉渡江之後，下及梁陳，咸都建業，吳聲歌曲，起於此也。

可見自東晉後，逐漸爲士大夫所喜愛。延至齊梁，流風益盛，原本健康的男女戀情却有意的被修飾造作爲綺麗豔情的面目，使得民歌率眞樸質的精神爲之大減。

其次，在永明年間，沈約等提出了四聲八病的音韻主張，亦廣爲文士所接受，將四聲運用於文學，因而音律的嚴整，平仄的講求，愈趨周密，致使詩歌的內容也日漸纖巧狹隘，這在純文學形式藝術的提昇是往前跨進了一大步，也開啓了唐代近體詩的先河，但一味講求形式外表，而忽略思想內容的作法，却是本末倒置的。隋書文學傳序云：

梁自大同以後，雅道淪缺，漸乖典則，爭馳新巧，簡文湘東，啓其淫放，徐陵庾信，分道揚鑣，其意淺而繁，其文匿而彩，……蓋亦亡國之音乎？

『宮體所傳，且變朝野。』(南史簡文帝紀)的盛況，是始於梁代的。一方面宮體詩經過宋齊兩代的醞釀，入梁之後，自然大放異彩，成爲詩壇主流。再者，以山水爲題材的新穎性已漸漸消失，山水清音是無法滿足君臣文士求新求變的需要的，乃將題材全力集中於歌女舞伎，麗人寵姬身上，以描繪女性的姿容情思爲能事，極盡具體細微之刻劃，故此時期的詩人，可謂典型的宮體詩人。其中，蕭綱和蕭繹兄弟，則爲最有力的推動者。

蕭綱是武帝的第三子，由於長兄昭明太子蕭統早逝，他二十九歲便立爲皇太子，四十七歲始卽帝位，但四十九歲便爲侯景所弒。前後稱帝只有二年。在政壇上，只是一位失敗的君主。但簡文帝爲儲君居東宮近二十年的光陰，則促成他在文學史上佔有了一席之地。

蕭綱在居東宮的漫長歲月裏，四周的知名文士紛紛攀龍附鳳，投其所好，儼然成爲一個文學集團，(詳見第一章第七節。)左列史書記載，可略知梗概。

㈠南史庾易附子肩吾傳：

王在雍州，(肩吾)被命與劉孝威、江伯搖、孔敬通、申子悅、徐防、徐摛、王囿、孔鑠、鮑至等十人，抄撰衆籍，豐其果饌，號高齋學士。

㈡梁書庾肩吾傳：

初太宗(簡文帝)在藩，雅好文章士，時肩吾與東海徐摛，吳郡陸杲、彭城劉遵、劉孝儀，儀弟孝威，同被賞接。及居東宮，又開文德省，置學士，肩吾子信，摛子陵，吳郡張長公，北地傅宏，東海鮑至充其選。

㊂陳書徐陵傳：

其文頗變舊體，緝裁巧密，多有新意。每有一文，好事者已傳寫成頌。

㊃周書庾信傳：

時肩吾爲太子中庶子、掌管記，東海徐摛爲左衞率摛子陵及信並爲抄撰學士，父子在東宮，出入禁闥，恩禮莫與比隆。既有盛才，文並綺豔，故世號爲徐、庾體焉。當時後進，競相模範，每有一文，京都莫不傳誦。

㊄劉肅大唐新語：

梁簡文帝爲太子，好作豔詩，境內化之。

事實上，簡文帝因不滿當時自太康以來，摹古用事，殆同書抄，枯澀晦滯的文學通病，想振興詩壇，創造表現個人情志的作品新貌，故取材上，揚棄了歌功頌德，而以寫實的眼光觀察生活；技巧上，也避開了典故排偶，代以口語化的暢所欲言，全力傾心製作。可是，他出身帝王之家，成長於深宮之中，耳濡目染，不外後宮佳麗，遊宴賞樂，既缺乏深刻思想，又沒有高逸情致，自然題材難以脫離軟膩柔美的範疇，而隨侍的文士中，又以徐摛，庾肩吾父子與之關係最密，徐摛好爲新變，庾肩吾亦步亦趨，使這種和傳統迥異其趣的風格，由東宮普及於社會各層，成爲大家逞能競巧的新體裁了。

梁元帝蕭繹爲武帝第七子，性不好聲色，頗有高名，獨爲詩賦，婉麗多情。在蕭氏兄弟間被推許爲蕭家『子建』。天監十三年，蕭繹封爲湘東郡王，在他幕下的文人學者，份子複雜，大致可分爲前後兩期。

前期是在他擔任會稽太守及丹陽尹時，跟隨在側的有朝廷學士到溉，和善於用典的劉杳、顏協、顧協等，又與好法古人的裴子野、劉顯、蕭子雲爲布衣交，詩風只是依循傳統路線，無什特色可言。當他出任荆州刺史之後，庾肩吾、劉孝綽、劉孝儀兄弟帶著宮體作風加入了西府文人的行列，造成宮體派的壓倒優勢。但元帝的宮體詩，因曾受前期各派文人重質作風的影響，較委婉巧麗，不似其兄蕭綱的輕佻暴露。

三　宮體詩的內容及特色

宮體詩的內容，可分狹義與廣義兩種。狹義的內容專指描寫女性容止的豔情之作，廣義則還包括了與豔情詩具有相同趣味及面目的寫景詠物，或描寫帝王貴族生活和感懷節候的詩。

在專寫女人豔情的宮體詩，都具有共同的特色——嬌美，纖細，柔弱且妖冶多姿，一顰一笑，皆楚楚動人，依所寫的對象及身份，可歸納出下列數種：

一、得寵美人

此類女性是帝王貴族所寵幸的佳麗，在相貌或身態上必具有若干優越條件，方能媚惑君主，故詩中多呈現歡愉明媚的氣氛，不單細加刻劃嬌態舉止，且以豪侈華麗的景物點綴身份，把得寵美人更映襯得雍容華貴，豔光四射。論內容最爲濃膩，論風格却也最空洞。例如：

北窗聊就枕。南簷日未斜。攀鈎落綺障。插捩舉琵琶。夢笑開嬌靨。眠鬟壓落花。簟文生玉腕。香汗浸紅紗。夫壻恒相伴。莫誤是倡家。（梁簡文帝詠內人晝眠）

北窗向朝鏡。錦帳復斜縈。嬌羞不肯出。猶言妝未成。散黛隨眉廣。燕脂逐臉生。試將持出衆。定得可憐名。（梁簡文帝美人晨妝）

關情出眉眼。軟媚著腰肢。誕笑能嬌媄。行步絕逶迤。空中自迷惑。渠傍會不知。懸念猶如此。得時應若為。（梁邵陵王綸車中見美人）

二、歌妓舞女

南朝貴族生活淫逸，聲色娛樂中，歌妓舞女爲不可或缺的角色，因此，除描寫她們的容貌形態以外，還重在其技巧的刻劃，卽歌聲舞姿，或樂藝，因歌舞具有多變化的動態，故用詞弘麗妍贍，造境熱鬧非凡。

新妝本絕世。妙舞亦如仙。傾腰逐韻管。斂袵聽張絃。迴履裾香散。飄衫釧響傳。低釵依促管。曼睇入繁絃。（梁劉孝儀和詠舞）

倡女多艷色。入選盡華年。舉腕嫌衫重。迴腰覺態妍。情繞陽春吹。影逐相思弦。履度開裙襵。鬟轉匝花鈿。所愁餘曲罷。為欲在君前。（梁劉遵應令詠舞）

寶鑷建珠花。分明靚妝點。薄鬢約微黃。輕紅淡鉛臉。發言芳已馳。復加蘭蕙染。
浮聲易傷歎。沈唱安而險。孤轉忽徘徊。雙蛾乍舒斂。不持全示人。半用輕紗掩。
（梁江洪詠歌妓）

三、青樓倡女

由於社會風氣敗壞，帝王貴族除了宮女家伎外，難免也與青樓倡女接觸，但此類女性，境遇多半淒涼，詩人較著重描寫她們的哀思怨情，卽使對住處環境的刻劃，亦是爲了強化哀怨的情調。

綺窗臨畫閣。飛閣繞長廊。風散同心草。月送可憐光。髣髴簾中出。妖麗特非常。
恥學秦羅髻。羞爲樓上粧。散誕披紅帔。生情新約黃。斜燈入錦帳。微煙出玉房。
六安雙瑇瑁。八幅兩鴛鴦。猶是別時許。留值解心傷。含涕坐度日。俄頃變炎涼。
玉關驅夜雪。金氣落嚴霜。飛狐驛使斷。交河川路長。蕩子無消息。朱脣徒自傷。
（簡文帝倡婦怨情十二韻）

曖曖高樓暮。華燭帳前明。羅幃雀釵影。寶瑟鳳雛聲。夜花枝上發。新月霧中生。
誰念當窗牖。相望獨盈盈。（何遜詠倡婦）

倡女倦春閨。迎風戲玉除。近叢看影密。隔橋望釵疎。橫枝斜綰袖。嫩葉下牽裾。
牆高攀不及。花新摘未舒。莫疑插鬢少。分人猶有餘。（梁元帝看摘薔薇）

四、棄婦怨妾

這類女性的命運較其他類型更具悲劇性，與得到專寵的美人形成強烈對比。在喜新厭舊，恩幸不再的命運中，她們的悽怨是悲苦不堪的，所以，除以環境來襯托反映心理與情感外，作者更可大膽地渲染製造悲劇的氣氛。在愛恨交織，孤子無助的效果下，自可令人深受感動了。

昔時嬌玉步。含羞花燭邊。豈言心愛斷。銜啼私自憐。常見歡成怨。非關醜易妍。
獨鵠罷中路。孤鸞死鏡前。（詠人棄妾）

昔未離長信。金翠奉乘輿。何言人事異。夙昔故恩踈。寂寞錦筵靜。玲瓏玉殿虛。
掩閨泣團扇。羅幌詠蘼蕪。（有所思〇以上均簡文帝作）

五、深閨思婦

在宮體詩中，此類算是較有價值的作品。因它文字樸實無華，以深刻的筆觸，去處理細膩的情感，鮮見華屋美飾，而代之以哀嘆淚水，似乎更能接近民歌本色。列舉兩首如下：

珠簾旦初卷。綺機朝未織。玉匣開鑒形。寶臺臨淨飾。對影獨含笑。看花空轉側。
聊為出繭眉。試染夭桃色。羽釵如可間。金鈿畏相逼。蕩子行未歸。啼妝坐沾臆。
（梁何遜詠照鏡）

北斗行欲沒。東方稍已晞。晨雞初下棲。曉露尚霑衣。衾裯徒有設。信誓果相違。
詎忍開朝鏡。羞恨掩空扉。（梁王筠向曉閨情）

三、愛慕柔情

南朝社會風氣雖極淫侈，以逸樂爲常，但也並非絕無眞摯的性靈結合之作品，只惜爲數不多。在此寥寥作品中，或詠夫妻之愛，或吟少女懷春，或寫愛慕相思，溫婉含蓄中，流露出濃情蜜意，不單合乎詩趣，也最富有情趣。

楊柳葉纖纖。佳人懶纖縑。正衣還向鏡。迎春試捲簾。摘梅多繞樹。覓燕好窺簷。只言逐花草。計較應非嫌。（梁簡文帝春閨情）

春從何處來。拂水復驚梅。雲障青瑣闥。風吹承露臺。美人隔千里。羅幃閉不開。無由得共語。空對相思林。（梁吳均春詠）

雨驟行人斷。雲聚獨悲深。儻更逢歸鴈。一一傳情心。（梁王湜贈情人）

墓前一株柏。連根復並枝。妾心能感木。頹城何足奇。（梁衞敬瑜妻王氏連理詩）

霧夕蓮出水。霞朝日照梁。何如花燭夜。輕扇掩紅妝。良人復灼灼。席上自生光。所悲高駕動。環佩出長廊。（梁何遜看伏郎新婚）

至於廣義的宮體詩，雖描寫帝王貴族生活，或感懷節候，或寫景詠物，均已不是新鮮題材，但效果上，則完全充滿與豔情詩相同的柔豔嫵媚之氣氛，基本趣味是一致的。詩所帶給人的感受已不再雄偉悠遠，而成爲玲瓏精緻的藝術品了。今略錄數首，以見其體。（參用王紘久氏之梁簡文帝的文學見解及其宮體詩〇現代學苑九卷九期。）

歡樂良無已。東郊春可遊。百花非一色。新田多異流。龍尾横津漢。車箱起戍樓。

玉冠初警敵。芥羽忽猜儔。十日驕既滿。九勝勢恆遒。脫使田饒見。堪能說魯侯。(鬥雞)
初桃麗新采。照地吐其芳。枝間留紫燕。葉裏發輕香。飛花入露井。交幹拂華堂。
若映窗前柳。懸疑紅粉妝。(初桃)
細樹含殘影。春閨散晚香。輕花鬢邊墮。微汗粉中光。飛鳧初罷曲。啼鳥忽度行。
羞令白日暮。車騎鬱相望。(晚景出行○以上均梁簡文帝作)
良馬出蘭池。連翩驅桂枝。嗚珂隨蹋駛。輕塵逐影移。香來知驟近。汗斂覺風吹。
遙望黃金絡。懸識幽幷兒。(梁元帝後園看騎馬)

據上所述，我們大致可歸納出宮體詩的三個特色：

一、以享樂意識爲出發點

文學是生活的反映，也是生活經由心靈的過濾所呈現的另一面。南朝偏安江左，由於地理環境優美，物產富饒，世族王公自然流連山水，縱情聲色，以求苟安避禍，詩人的寫作態度，也自然捨棄傳統的言志載道，代之以享樂的心境，故宮體詩所表現出的，就是享樂主義在現實中的投影，用捕捉感官的刺激，來躲避現實及滿足心靈的空虛。所以詩篇中充滿了佳人，美景，香閨，玩物等綺麗細軟的畫面，沒有震撼靈魂的創作，只是耳目感官的滿足，這種以遊戲娛樂的態度所完成的作品，除了一些爭華競豔的辭句之外，自然難以尋覓到深刻感人的眞情了。

二、寫實客觀的態度

中國詩歌在六朝之前大都重重意境氣骨，而較少寫實模仿，因此對象無論是人或物，均以輕描淡寫的方式帶過而難有逼實的眞面目。自六朝以後，寫實風氣日漸興盛，詩人往往以親眼所見的事物入詩，故多造成栩栩如生的效果，鍾嶸詩品評張協云：『文體華淨，少病累。又巧構形似之言。』評謝靈運則云：『雜有景陽之體，故尚巧似，而逸蕩過之。』這些均指寫景詠物而言。但自齊、梁以後，詩人寫作的對象逐漸縮小，大家的興趣不是集中於眼前的宮草苑花，便是身邊的舞伎歌女，雖然歌詠的對象不同，但由山水詩所開拓出的巧構形似的精神，却取代了正統的寫作態度。宮體詩既屬娛樂遊戲性質，自然毋需表現濃烈的情感，只要即景詠成美人的姿色形態便可，因爲內容僅止於表面的形形色色，所以也就不得不在外觀刻意追求了。故宮體詩作家，常常在字裏行間，發揮了極細膩的觀察力和入木三分的表現力。這種客觀而寫實的手法，亦正符合了文心雕龍物色篇所說的『巧言切狀，如印之印泥；不加雕削，而曲寫毫芥。』（詳見今人林月文氏之宮體詩人的寫實精神○中外文學三卷三期。）

三、輕柔纖巧的風格

女性化的柔美浪漫，是江南民謠吳歌西曲的特色，宮體詩人則完全吸取了這類原始的情調，將其移之於歌詠女性或男女情愛，甚至詠物，遊宴，節候寫景，皆以輕柔豔麗爲主。可惜這些模擬民謠樂府的作品，因受到上層社會狹窄生活的限制，豪門貴族淫奢腐化的影響，及知識份子矯柔造作的表達方式所拘牽，雖技術較前更爲精巧，辭藻更爲綺麗，音節更爲柔美，作風更爲淫濫，但民歌中樸實純眞的情感，直率自然的風格，活潑新鮮的生命，却被文人學士輕浮淺薄的態度，矯揉造作的習氣斲喪無餘。這也是宮體詩雖盛極一時，餘波所及亦長達百年之久，可是在文學史上始終未受應得重視的原故。（參用葉日光氏之宮體詩形成之社會背景〇中華學苑第十期）

自從梁簡文帝提倡宮體詩以來，這種頹廢輕豔的文風盛極一時，雖然簡文帝晚年曾一度想挽回日漸淫靡的詩風，令徐陵編撰玉臺新詠，以『大其體』（劉肅語〇見大唐新語），可惜爲時已遲，風氣既成，很難改易，始終沒有太大的效果，到了陳後主，倡伎狎客更將內容移注於實際生活，造成空前浪漫浮豔的高潮，使這一派的詩更趨窮途末路，自貶身價，而爲後代有識之士所鄙視了。

第五節　樂府詩

一　概說

南北朝的樂府民歌上承詩經與兩漢民歌的優良傳統，且開啓新蹊徑，形成特殊的風格，不僅反映社會現實，還創造了藝術的新形式。

南朝俗樂，以清商曲辭爲主，它是由漢朝的相和歌蛻變而來。相和歌本是漢代舊曲，流行於街陌里巷，魏明帝時分爲二部，晉荀勗採舊辭，有平調，清調，瑟調，謂之清商三調，魏晉以來相繼承用，自永嘉之亂，中原淪覆，遺聲舊制，散落江左。幸而符秦得之於涼地，傳於前後二秦，迄宋武帝定關中，因而流入南方，與當地歌謠融合，產生清商曲。後魏孝文帝出師淮漢，宣武定壽春，方得江左所傳的中原舊曲，除明君、聖主、公莫、白鳩等應制之作外，尚有江南吳歌，荊楚西曲，是總稱爲清商曲辭。

惟南朝的清商曲辭，雖源自漢魏，然歷時既久，復經永嘉禍亂，聲制散落，故已非當日之舊，南史蕭惠基傳云：

> 自宋大明以來，聲伎所尚鄭衞，而雅樂正聲，鮮有好者，惠基解音律，尤好魏三祖曲及相和歌，每奏則賞悅不得已。

又隱逸傳云：

> 戴顒爲義季鼓琴，並新聲變曲，其三調游絃，廣陵止思之流，皆與世異，文帝每欲見之，以其好音長給正聲伎一部，顒合何嘗白鵠二聲以爲一調，號爲清曠。

可見當時被認爲『雅樂正聲』的漢魏舊曲，也只爲少數好古之士所欣賞罷了，民間新聲或文人擬作，均特頡新歌以創新調，故南朝的清商曲辭，可說是淸、平、瑟三調的混合體，且由謝靈運的會吟行云：『六引緩清唱，三調佇繁音。』更可想見其節奏器數的複雜。

二　產生時代

玆以南朝樂府產生時代，地理環境，作品風格及償值四方面略爲闡述。

吳歌西曲的名目，是以產生地域不同來區別的。它們最早出現在史籍中的是宋書樂志：

吳歌雜曲，並出江東，晉宋以來稍有增廣，又有西傖羌胡雜舞，隨王誕在襄陽，造襄陽樂；南平穆王爲豫州，造壽陽曲；荊州刺史沈攸之又造西烏飛歌曲，並列於樂官，歌詞多淫哇不典正。

其後晉書樂志下也提到說：

吳歌雜曲，並出江南，東晉以來，稍有增廣，……凡此諸曲，始皆徒歌，既而被之管弦，又因絲竹金石造歌以被之，魏世三調歌辭之類也。

晉書只提到吳歌，未及西曲，可見西曲比吳歌晚出。宋書指出吳歌產生的地區在江東，也就是江南吳地。西曲的名稱只說是西傖羌雜舞，『西傖』一辭，在當時是南渡後對北方流徙人士的稱呼，西曲又以舞曲居多，正可謂是南北朝時流落到楚地的中州人士所編製的歌舞。它是東晉以後的產物，產生的地區是荊楚一帶。吳歌和西曲內容多半是情歌，這在文人眼光看來，自然是俚俗不典正了，事實上，這類委巷歌詞，正流露歌謠的特色和民性，當時人民的生活，習俗、物產、鳥獸、草木等，皆反映於詩中，實具洗雪綺麗，別創高格的價值。（參用邱燮友氏之吳歌西曲產生原因及時代背景〇書和人二〇九期）

吳聲歌曲大致可分二類：一是最初的民謠，後被上層階級發展爲樂曲，例如：子夜歌、阿子歌。另一類是上層階級自己所創作的，如碧玉歌、桃葉歌等，雖不是由民歌發展而成，但也深受其影響，體製多是五言四句，內容比較率眞，文詞亦較質樸自然，今按宋書樂志，古今樂錄及樂府詩集所收錄的曲調，依可考證的作者或時代，先後次序分別爲：

❶前溪歌：晉沈充（西元？——三二四年）作。
❷阿子歌、歡聞歌：晉穆帝升平中（西元三五七——三六一年）民間謠曲演成。
❸子夜歌：晉女子子夜（西元？——約三八一年以前）作。
❹碧玉歌：晉孫綽（西元三一四——三七一年）作。
❺桃葉歌：晉王獻之（西元三四四——三八六年）作。
❻團扇郎歌：晉王珉（西元三五一——三八八年）作。
❼長史戀歌：晉王廞（西元？——三九七年）作。
❽懊憹歌：晉安帝隆安中（西元三九七——四〇一年）民間訛謠之曲。
❾丁智護歌：本事發生於晉安帝義熙十一年（西元四一五年）。
❿華山畿：本事發生於宋少帝在位時（西元四二三——四二四年）。
⓫讀曲歌：宋文帝元嘉十七年或二十八年（西元四五一年）民間謠曲演成。

此外尚有陳後主所作的春江花月夜，玉樹後庭花，堂堂，及隋煬帝所作的泛龍舟，內容萎靡，文辭華艷，又多七言，可說已完全脫離了民歌的風格，故不將以上諸曲估計在內。因此，我們大致可以推斷，主要的吳聲歌曲，是產生於東晉，劉宋兩代。

西曲的主要部分是舞曲，宋書樂志對西曲的記載已如前述，且沒有西曲這一名目，或許是因爲它由民歌發展爲貴族音樂乃肇始於劉宋，不及詳述之故。

據陳釋智匠古今樂錄所述，西曲共有三十四曲，其中舞曲十四曲，倚歌十五曲，舞曲兼倚歌二曲，以上各種樂曲現在均有歌辭存留。

舞曲與倚歌的分別，除有舞無舞外，在樂器上也有不同。在以絲竹爲淸商曲的主要樂器中，倚歌是有竹無絲，較爲特殊，且是以歌合曲，因此，它的曲調雖有十七種之多，但現存的歌辭，每曲不超過四首，想必是因其不及舞曲流傳之廣，故製作歌詞者較少的緣故。

舞曲之中，作者或產生時代可以考證的，共有八曲，依其先後，分別爲：

❶石城樂：宋臧質爲竟陵內史時作，約在宋文帝元嘉七年（西元四三〇年左右）。

❷烏夜啼：宋臨川王劉義慶爲南兗州刺史時作，約在宋文帝元嘉十七年（西元四四〇年）。

❸壽陽曲：宋南平穆王劉鑠爲豫州刺史時作。也就是宋文帝元嘉二十二年（西元四四五年）。

❹襄陽曲：宋隨王誕爲雍州刺史時作。時當宋文帝元嘉二十六年（西元四四九年）。

❺西烏夜飛：宋沈攸之發兵荆州時作。正值宋廢帝元徽五年（西元四七七年）。

❻估客樂：齊武帝登祚後製（西元四八三年後）。

❼楊叛兒：齊隆昌時（西元四九四——四九五年）童謠演成的樂曲。

❽襄陽蹋銅蹄：梁武帝卽位後作（西元五〇二年後）。

此外，莫愁樂、三洲歌、採桑度、江陵樂、共戲樂、安東平、那呵灘、孟珠、翳樂各曲，古今樂錄在記載舞人時都說：『舊舞十六人、梁八人。』可見產生時代應在梁之前，當爲宋齊兩代的作品。

由上所述，可知西曲的舞曲部分，產生於宋、齊、梁三代，倚歌的產生及流行，在時間上則比舞曲晚一些，約在齊梁兩代，大體言之，西曲是後起的，而非與吳歌同時流傳的樂曲，但它的體製風格，却與吳歌相同，顯然也是受吳歌的重大影響。但無論吳歌或西曲，它的作者及產生時代僅是指該樂曲的創始而言，至於現存的歌辭，則不一定爲原始之作，其中有不少是後來添加的作品，而且屬於貴族的創作，也有許多是採擷民歌修改而成的。不過，此期的樂府詩，在中國詩學的發展上，的確佔有承先啓後的地位。（參用王運熙氏之六朝樂府與民歌）

三 地理環境

地域環境對文學有深遠的影響，我國南北文學的不同風格也是地域使然。宋郭茂倩的樂府詩集，就將吳歌西曲分卷收集，並在題辭上加以說明：

蓋自永嘉渡江以後，下及梁陳，咸都建業，吳聲歌曲，起於此也。

又云：

西曲歌出於荆、郢、樊、鄧之間，而其聲節送和，與吳歌亦異，故因其方俗，而謂之西曲云。

地域不同，歌聲有別，這點古人早已注意到了，吳歌西曲雖同屬南朝民歌，若再加以細分，仍有相異之處。因長江發源於西部高原，經千山萬壑，急流而下，出三峽，流勢趨緩，再經迂迴曲折之中游，始至和緩的下游，中間綿長數千里，故西曲歌亢爽熱情，吳聲歌曲委婉溫柔。

江南原是魚米之鄉，東南有鹽鐵之富，又有三江五湖之利，氣候溫暖，土地肥沃，民康物阜，在如此安定富足的環境中，人民生活優裕，容易貪享佚樂，消磨志氣，再加上長久未能收復中原，於是這些南移的財富、學問、勞力技術，都成爲促進江南文化發展的原動力，不但助長了南方的富庶，學術也爲之突放異彩。因此，都市日趨繁榮，商業日益發達，江、漢之濱，城市毗連，南齊書良政傳序提到說：

永明之世，十許年中，百姓無鷄鳴犬吠之驚。都邑之盛，士女富逸；歌聲舞節，袨服華妝，桃花淥水之間，秋月春風之下，蓋以百數。

這說明了城市的繁華正是孕育情歌的物質基礎。

吳歌發生的地點是在三吳、江、淮等地，以建業爲中心。建業是六朝的京都，文物鼎盛，衣冠宮柳相屬，秦淮商女，華妝曼舞，弦歌不輟，再加上山水秀麗，春景優美，江水浮舟，隴頭採桑，澤畔採菱，男女互答，長歌吐情，自然成爲流行的民間情歌，也相對助長了吳歌的發展。

此外，京師附近的大都市，如會稽、京口，都是物產富饒，商業繁盛的大邑，隨書地理志云：

……吳郡會稽，……其俗亦同，然數州川澤沃衍，有海陸之饒，珍異所聚，故商賈並湊。

南齊書州郡志也提及京口的重要性說：

今京城因山爲壘，望海臨江，緣江爲境，似河內郡，內鎭優重，宋氏以來，桑梓帝宅，江左流寓，多出膏腴。

這樣一個人競商販，繁華富庶的商業區域，眞可說是人間的樂園。

西曲產生的地域比較廣泛，自作品中可考的區域大致是：北起樊鄧，東北至壽陽，東抵豫章、潯陽，南至巴陵，西達巴東，涵蓋了長江流域的中部和漢水流域，而以雍州的襄陽和荆州的江陵爲中心。南朝因政治商業關係，人們經常往來建業及江陵、襄陽間，且朝廷派往鎭守荆、雍二州的宗室諸王不少，他們利用當地歌謠編成舞曲，作爲豪門家第的娛樂品。其次，在地理環境上，長江數千里的水程，沿江商埠雖多，但各地出產，均以荆州爲總滙，荆州是長江上游的商業重鎭，也是西南諸省的重要門戶。而襄陽位於漢水之濱，則是北方諸省與西南諸省的交通必經之處。這些地方水陸交通相當發達，四方產物的運銷也極爲方便，人民多以營商爲業，地理環境和商旅仕官的尋歡作樂，使西曲隨吳歌之後，漸次蔓延開來，但前面說過長江上游地高水急，人民性情和下游不同，產生的歌謠也不似吳歌那般嬌羞婉轉，因此，西曲內容樸實，表情是熱烈而浪漫的。

四　樂府詩的風格

樂府詩集所載詩總計近二千首，南朝詩則佔一千五百五十九首，數量甚爲可觀，其中具有文學價值者，除北朝的梁鼓角橫吹曲，就屬南朝的吳歌西曲。

這些江南民謠，若無上層階級的廣爲流行，或未得豪門貴族的喜愛，是不能發揚它的特殊風格而盛行百餘年的。茲依據羅根澤氏之樂府文學史及李曰剛氏之中國文學流變史之說，將吳歌、西曲及神弦曲的名稱，依次列表如后：

㊃南朝樂府詩分類表

目次	吳聲歌曲 曲名	首數	西曲歌 曲名	首數	神弦曲 曲名	首數
1	子夜歌	42	石城樂	5	宿阿曲	1
2	子夜四時歌	75	烏夜啼	8	道君曲	1
3	大子夜歌	2	莫愁樂	2	聖郎曲	1
4	子夜警歌	2	烏棲曲	13	嬌女曲	2
5	子夜變歌	3	估客樂	6	白石郎曲	2
6	上聲歌	8	襄陽樂	9	青溪小姑曲	1
7	歡聞歌	1	三洲歌	4	湖就姑曲	2
8	歡聞變歌	6	襄陽蹋銅蹄	6	姑恩曲	2
9	前溪歌	7	採桑度	7	採蓮童曲	2
10	阿子歌	3	江陵樂	4	明下童曲	2
11	團扇歌	8	春陽度	3	同生曲	2
12	七日夜女歌	9	青驄白馬	8		
13	長史變歌	3	共戲樂	4		
14	黃生曲	4	安東平	5		
15	黃鵠曲	4	女兒子	2		

16	碧玉歌	5	來羅	4		
17	桃葉歌	4	那呵灘	6		
18	長樂佳	8	孟珠	10		
19	歡好曲	3	翳桑	3		
20	懊儂歌	14	夜黃	1		
21	華山畿	25	夜度娘	1		
22	讀曲歌	89	長松標	1		
23	丁督護歌	5	雙行纏	2		
24	玉樹後庭花	1	黃督	2		
25			平西樂	1		
26			攀陽枝	1		
27			尋陽樂	1		
28			白附鳩	2		
29			撥蒲	2		
30			壽陽樂	9		
31			作蠶絲	4		
32			楊叛兒	9		
33			西烏夜飛	5		
34			月節折楊柳歌	13		
	小計	331	小計	163	小計	18

吳歌西曲的內容，均是兩情相悅的情歌，大致可分前後兩時期。前期的創作者，多爲平民，故眞情自然流露，較文士所作爲勝，後期自梁武帝開國始，他以九五之尊，扢揚風雅，一時吟詠之士雲集，文人樂府爲之大興。復因貴族豪門生活益趨淫侈，來自民間的歌謠已不能滿足他們的興趣，於是紛紛競造新曲，或改舊曲以造新調，或沿舊曲以譜新辭，用辭措意更加綺麗，描寫對象也限於歌伎舞女的色貌與淫逸的歡樂，於是舊有民歌的清新柔曼與婉約情致，已逐漸消失了。

前期作品多以清新淺近的語言，表達青年男女眞摯的戀情，如：

落日出門前。瞻矚見子度。治容多姿鬢。芳香已盈路。（子夜歌）

青青林中竹。可作白團扇。動搖郎玉手。因風托方便。（團扇郎）

春林花多媚。春鳥意多哀。春風復多情。吹我羅裳開。（子夜春歌）

以上三首寫男女情愛的歡愉，委婉自然，此類深情綺麗之作在子夜歌及子夜四時歌中爲數頗多。又如：

情愛如欲進。含羞未肯前。朱口發艷歌。玉指弄嬌弦。（子夜歌）

光風流月初。新林錦花舒。情人戲春月。窈窕曳羅裙。（子夜春歌）

除此之外，則多爲纏綿悽苦的怨辭，或述相思心境，或寫遲暮哀傷，或言纏綿戀情，或歎別離悽楚，均極細膩動人。

自從別歡後。歎音不絕響。黃蘗向春生。苦心隨日長。（子夜春歌）

昔別春草綠。今還墀雪盈。誰知相思老。玄鬢白髮生。（子夜冬歌）

聞歡去北征。相送直瀆浦。只有淚可出。無復情可吐。（丁督護歌）

黃鵠參天飛。半道還哀鳴。三年失羣侶。生離傷人情。（黃鵠曲）

亂髮誰料里。託儂言相思。還君華艷去。催送實情來。（懊儂歌）

逋髮不可料。顦顇為誰睹。欲知相憶時。但看裙帶緩幾許。（讀曲歌）

對敍述愛情的痛苦，哀怨感人。樂府詩集云：

（清商樂）遭梁陳亡亂，字者蓋寡。及隋平陳……乃微更損益；去其哀怨。

可見吳聲歌曲多具哀怨聲情。大子夜歌云：『歌謠數百種，子夜最可憐。』古今樂錄云：

上聲歌者，此因上聲促柱得名……謂哀思之音，不及中和。

又：

歡聞變歌者，……聲旣悽苦，因以名之。

宋書樂志也說：『督護歌者……其聲哀切。』均可爲證。其中描寫戀愛刻劃悲傷最成功者是華山畿二十五首：

隔津歎。牽牛語織女。離淚溢河漢。

啼相憶。淚如漏刻水。晝夜流不息。

奈何許。天下人何限。慊慊只為汝。

經濟的剪裁，愼密的構思，將男女相思離別，哀苦怨曠之情，道盡無遺，較子夜歌更爲深刻感人。

西曲傳唱在江漢一帶，因水陸交通發達，商業繁盛，水上船邊每多商人思婦的戀歌，靡麗而浪漫。

布帆百餘幅。環環在江津。執手雙淚落。何時見歡還。（石城樂）

歡聞下揚州。相送楚山頭。探手抱腰看。江水斷不流。（莫愁樂）

送歡板橋彎。相待三山頭。遙見千幅帆。知是逐風流。（三洲歌）

巴東三峽猿鳴悲。夜鳴三聲淚沾衣。（女兒子）

可憐八公山。在壽陽。別後莫相忘。（壽陽樂）

江陵三千三。何足特作遠。書疏數知聞。莫令信使斷。（那呵灘）

除上述情歌外，尚有少數　映勤勞生活的民歌，如采桑度：

蠶生春三月。春桑正含綠。女兒採春桑。歌吹當春曲。

治遊採桑女。盡有芳春色。姿容應春媚。粉黛不加飾。

採桑盛陽月。綠葉何翩翩。攀條上樹表。牽壞紫羅裙。

將春日桑樹茂盛，綠葉翩翩，少女身著羅裙，手提筐籠，攀枝摘桑的青春活潑氣息表露無遺。又有作蠶絲四首，更寫出采桑、育蠶、繅絲，織錦的情景。此外採蓮也是南朝熱鬧的風俗，試觀下列數首：

朝登涼臺上。夕宿蘭池裏。乘月採芙蓉。夜夜得蓮子。（子夜歌）

鬱蒸仲暑月。長嘯出湖邊。芙蓉始結葉。花豔未成蓮。（同上）

盛暑非遊節。可慮相纏綿。汎舟芙蓉湖。散思蓮子間。（同上）

掘作九州池。盡是大宅裏。處處種芙蓉。婉轉得蓮子。（子夜秋歌）

江南風景秀麗，湖塘錯綜，每至夏日，芙蓉滿湖，荷葉飄蕩，故採蓮之見於歌詠，不勝枚舉。

至於文人的擬作，不僅聲節婉轉，且辭采內容也趨於綺豔色情。

梁武帝曾於天監十一年冬，改西曲製上雲樂十四曲，江南弄七曲，分別是：江南弄，龍笛曲，採蓮曲，鳳笛曲，採菱曲，遊女曲及朝雲曲。和者計簡文帝三曲，沈約四曲，格律與梁武帝原作相同。此外，簡文帝的樂府詩如夜夜曲，豔歌曲，烏棲曲，美女篇等均爲綺麗之作，沈約白紵辭，六憶詩，江淹西洲曲，吳均有所思，柳惲江南曲、獨不見，皆以女人容色爲題材，只求華豔，缺少新意。茲舉數例，以覘其概。

北斗闌干去。夜夜心獨傷。月輝橫射枕。燈光半隱床。（夜夜曲）

雲楣桂成戶。飛棟杏為梁。斜牕通蕊氣。細隙引塵光。裁衣魏后尺。汲水淮南牀。青驪暮當返。預使羅裙香。（豔歌曲）

織成屏風銀屈膝。朱唇玉貌鐙前出。相看氣息望君憐。誰能含羞不自前。（烏棲曲○以上三首爲梁簡文帝作）

蘭葉參差桃半紅。飛芳舞縠戲春風。如嬌如怨狀不同。含笑流眄滿堂中。翡翠羣飛飛不息。願在雲間長比翼。佩服瑤草駐容色。舜日堯天歡無極。（沈約春白紵）

薄暮有所思。終持淚煎骨。春風驚我心。秋露傷君髮。（吳均有所思）

這種模擬的樂府，不但破壞了原有的民謠特色，也影響了詩風，後起的宮體詩，實際上就是貴族文人的模擬，離開了民謠範圍，落入浮華與色情的狹小範園所形成的。然而無論前期民謠或後代文人擬作，均能切實的將社會的華靡生活盡情映現出來，故能在文學上佔有一席之地。

五　樂府詩的價值

一、促進宮體詩的興盛

宮體詩雖始於徐摛、庾肩吾、簡文帝等人以輕豔爲詩。事實上，在晉、宋樂府詩中，早有類似之作，如桃葉歌，碧玉歌，白紵辭等。南史袁廓之傳云：

時何潤亦稱才子，爲文惠太子作楊叛兒歌，辭甚側麗。

此類側麗輕靡的詩歌，南朝鮑照，湯惠休，王融等人的樂府詩中亦可尋見，如：

碧樓含夜月。紫殿爭朝光。綵池散蘭麝。風起自生芳。（鮑照中興歌）

琴瑟未調心已悲。任羅勝綺彊自持。忍思一舞望所思。將轉未轉恆如疑。桃花水上春風出。舞袖逶迤鸞照日。徘徊鶴轉情豔逸。君為迎歌心如一。（湯惠休白紵歌）

由於遣詞講究，造作成份增加，率眞精神減少，致使原來淸新樸實的民間樂府逐漸變質，南史梁簡文帝紀云：『宮體所傳，且變朝野。』魏徵梁論亦云：『哀思之音，遂移風俗。』再加上齊梁詩人講求音律，提倡聲病，內容均以輕柔纖巧爲主，風會所趨，無人能免於潮流之外，促進了宮體詩的全盛。

二、唐代絕句的先驅

就形式而言，吳歌西曲絕大部份是五言四句或七言四句的小詩，文人傾力模仿的作品，這類詩歌數量繁多，不勝枚舉，且風格情韻都與吳歌西曲絕相類似，樂府詩集的記載，幾乎全是二十字的小樂府，且清商曲辭每篇均分爲若干解，每解的句數體裁雖然不一，但以四句，及五言者居多，這種形式不斷的發展創作，到了唐代以後，終於形成一固定格式，所謂的『絕句』，就是在這種情況下逐漸形成的。

（詳見今人周誠明氏之南北朝樂府詩之產生及評價〇臺中商專學報）

三、廋辭隱語的應用

在吳聲歌中有一大特點，西曲亦甚少，卽是隱字諧聲的『雙關語』，也稱爲廋辭。宋洪邁容齋三筆云：

自齊梁以來，詩人作樂府子夜四時歌之類，每以前句比興引喻，而後句實言以證之。

此卽廋辭隱語的應用，玉台新詠有載古絕句一首：

藁砧今何在？山上復有山。何當大刀頭。破鏡飛上天。

樂府古題要解云：

藁砧，鐵也。問夫何處也。山重山爲出，言夫不在也。刀頭有環，問夫何時當還也。破鏡飛上天，月半當還也。

此詩確實年代雖不可知，但徐陵爲梁時人，題爲古絕句，時間應在梁朝之前，可視爲吳歌聲中雙關語的濫觴。

吳聲歌所用的諧音字，可分爲兩類：

❶同音同字：卽以同字的甲義暗代乙義。如『合散無黃蓮，此事復何苦。』（讀曲歌）以藥石的『散』雙關聚散之『散』，以黃蓮之『苦』雙關相思之『苦』。此外，以布匹之『匹』爲匹偶之『匹』，以消磨之『消』爲消瘦之『消』等均是。

❷同音異字：卽不用本字，而以音近之字代之。最常見的爲以『蓮』代『憐』，以『絲』代『思』，以『藕』代『偶』，以『碑』代『悲』，以『梧』代『吾』，以『箭』代『見』……等。

此種雙關語爲南朝豔曲極主要的表現法，以具一底一面，又得物情事理之當然者爲佳，通常多以兩句達一意，而以下一句釋上一句，樸拙且不傷纖巧，旣可增加表情的委婉含蓄，又同時顯現了民歌作者的豐富想像。

六朝民間樂府，是以眞摯的感情，敍述個人的心理狀態，愛情生活，以及經濟狀況，由於個人的心理狀態，可以察知一般人的心理狀態，由於個人的愛情生活，可以瞭解一般人的愛情生活，而由個人的經濟狀況，可以洞悉整個社會的經濟狀況。要而言之，吳歌西曲雖在氣質上截然不同，但表現上則同是浪漫的，是個人精神、生活、感情的宣洩，而不是代表整個社會羣衆的文學，它沒有時代的使命感，以致國家沉溺於靡靡之音中，在三百年內歷易五朝，而終告滅亡。

第三章　齊梁詩的藝術成就（上）

西晉自永嘉之亂，愍帝蒙塵，長安淪陷，瑯琊王司馬睿即位建康，號稱東晉，下迄齊梁，其間相距有一百六十餘年。此一時期的政治是偏促江左，務求苟安，舉朝貪戀江南之美，羣臣俱乏北還之心，因而與盤踞中原的胡人形成長久對峙的局面。

在思想方面，自漢武帝以來，由於儒家學說的長期獨尊，易於陷入故步自封的泥淖，在承平時代尚可勉强應付，到了靈獻之世，內有外戚擅權，閹豎爲禍，外則戎狄交侵，盜賊蜂起，災疫流行，民生凋敝，這政治的最高指導原則，旣無法消弭禍亂，又不能滿足人心的需求，於是驟然衰歇，只有老莊的淸靜無爲，逍遙齊物，楊朱的個人主義，列子的厭世思想，最能滿足人們精神上的需要。再者當時的國君，多忌才好勝，嗜殺成性，一般聰明魁傑之士，在朝不保夕的恐懼中，相率遁入玄虛領域，或高蹈山林，寄情煙霞；或揮舞麈尾，談玄說理；或蔑棄禮法，放浪形骸，以騁懷於窈渺的境界，逃避黑暗的現實。故東晉時代玄談風氣，瀰漫江左，伊古以來，得未曾有，文學作品深受影響，遂亦傾向於玄虛。

劉裕篡晉後，雖政權轉移，朝代更替，但社會的風氣與文學面貌，仍多上承東晉遺緒，並無改變，齊梁亦是如此。

蓋人民生活，社會狀況，山川景物，這些表面化的因素自古以來泰半無多大變化，上古時代人需穿衣進食，如今亦同，因此想突破前人窠臼並不是輕而易擧的事，尤其齊梁文學多操縱於貴族之手，這些高門子弟生活情調多趨一致，難有新鮮的體驗，且狹隘的環境空間，更使他們難以覓得廣泛的題材，故欲打破前人陳陳相因的困局，務求超越的成就，便只有在方塊文字的排列形式上努力求新求變了。而在這忽略民生疾苦，僅重個人才華表現的前題下，作品自然傾向藝術美的領域。茲以齊梁文學的藝術成就，分辭藻、聲律、用典、對仗四項說明之。

第一節　辭藻華美

愛美乃人類的天性，自生民以來，未有不愛美者。而南朝民風，對美的追求心態特別顯著，無論男女，均刻意美化物質與精神生活。(詳見第一章第四節)反映在文學創作上也是如此，當各種山川景物的寫作題材已達顚峯飽和狀態，詩人們旣無能力再創新局，又想保持作品的長久生命，便僅有在作品的外觀風貌上加以雕琢，使文藻更趨華麗，猶如中年婦女在失去了少女時代的青春美貌之後，就需借重外在的妝扮，來維持容顏，以濟歲月之窮。南朝人士愛美的心態亦是如此。

然修飾辭藻，並非始於齊梁，昔孔子論文便已提到：『言之無文，行而不遠。』(左傳襄公二十五年)又說：『文質彬彬，然後君子。』（論語雍也篇）又說：『情欲信，辭欲巧。』（禮記表記）孔穎達禮記正義釋云：

> 言君子情貌欲得信實，而辭欲得和順美巧，不違逆於理，與巧言令色者異。

袁枚小倉山房文集也再三引申其義：

> 聖人修辭，尚且不避巧字，而況今之爲文章者乎。是以春秋時鄭國辭命，先草創，後討論，再修飾而潤色之，亦不過求巧求人愛而已。（與祝芷塘太史書）

> 唐人修辭與立誠並用，而宋人或能立誠，不甚修辭。聖人論爲命，尚且重修飾潤色，所謂言之不行，行之不遠也。（與孫俌之秀才書）

孔子反覆提到修辭，就是强調文采的重要。是故自古以來，文學創作者莫不重視文采，崇尚色澤，甚至鏤肝鉥膽，織錦成文，務使作品的外形臻於藝術美的極峯，用心良苦，令人起敬。劉彥和說得好：

> 聖賢書辭，總稱文章，非采而何。……若乃綜述性靈，敷寫器象，鏤心鳥跡之中，織辭魚網之上，其爲彪炳，縟采名矣。故立文之道，其理有三：一曰形文，五色是也。二曰聲文，五音是也。三曰情文，五性是也。五色雜而成黼黻，五音比而成韶夏，五情發而爲辭章，神理之數也。
>
> （文心雕龍情采篇）

又說：

> 莊周云辯雕萬物，謂藻飾也。韓非云豔采辯說，謂綺麗也。綺麗以豔說，藻飾以辯雕，文辭之變，於斯極矣。（同　上）

均强調了辭采華美爲文章要素。然詩賦篇什的日趨綺麗，則始於東漢。潛夫論務本篇云：

東漢學問之士，好語虛無之事，爭著雕龍之文。

當時尚多純任自然，未有人工的刻意塗澤。及魏晉以降，文學擺脫了儒家覊勒，獲得獨立發展的機運，建立起理論系統，文體分類則日益詳密，製作日趨成熟，學者開始注重詩文的修辭，一致主張追逐綺縟，纂組藻采爲首要條件，而飛速向唯美之途邁進。如魏曹丕典論論文說：

詩賦欲麗。

晉陸機文賦則對辭藻不厭其煩，反覆强調：

游文章之林府，嘉麗藻之彬彬。

普辭條與文律，良余膺之所服。

藻思綺合，淸麗千眠，炳若縟繡，悽若繁絃。

其爲物也多姿，其爲體也屢遷，其會意也尙巧，其遣言也貴妍。

陸機以爲文學須如花草搖曳多姿，嫣然可愛，文章的體貌風格也需追逐時代，不斷翻新，開啓了江左唯義主義文風的全盛。

其後，有葛洪着抱朴子，認爲文學進化必由質而文，大爲雕飾的文章張目。他說：

古者事事醇素，今則莫不雕飾，時移世改，理自然也。至於罽錦麗而且堅，未可謂之減於蓑衣，輜軿妍而又牢，未可謂之不及椎車也。（鈞世篇）

又說：

書猶言也，若入談語，故爲知音，胡越之接，終不相解，以此敎戒，人豈知之哉。若言以易曉爲辨，則書何故以難知爲好哉。（同上）

這種提倡雕飾，遂使六朝文學日趨於藝術化、貴族化。

至蕭梁時的劉勰，論文藝創作，曾在情采篇中對此一再强調，所謂立文之道，不外形文，聲文與情文。然文采又須與本質等量齊觀，不可偏廢，亦卽『文附質』，『質待文』。如附會篇云：

夫才最學文，宜正體製。必以情志爲神明，事義爲骨髓，辭采爲肌膚，宮商爲聲氣，然後品藻元黃，摛振金玉，獻可替否，以裁厥中，斯綴思之恆數也。

又通變篇亦云：

斟酌乎文質之間，而隱括乎雅俗之際，可與言通變矣。

大抵傳世之作，必『形』『聲』『情』三者配合得宜，始能交織成爲完美的統一體，而膾炙人口，綜觀文心雕龍鎔裁、附會、章句、夸飾、比興、隱秀、事類、麗辭、練字、聲律諸篇所論，均以典麗爲修辭總則，且須『文雖新而有質，色雖糅而有本。』若能『原道以敷章』、『徵聖以立言』、『稟經以製式』，則『辭自富』『理自盛』，才是修辭的最高境界。

爾後，梁昭明太子文選序，也提出了選文的標準：

若其讚論之綜緝辭采，序述之錯比文華，事出於沈思，義歸乎翰藻，故與夫篇什，雜而集之。

昭明編纂文選，旨在提倡純文學，因此，凡『以立意爲宗，不能以文爲本』，或『傳之簡牘，而事異篇章』的經書子史，皆擯除不錄，惟巧思內運，詞華外現，且必須是『麗而不浮，典而不野，文質彬彬，有君子之致。』(答湘東王求文集及詩苑英華書) 形式與內容調劑得中而具有藝術美的作品，始可稱爲文學。這種以美妙人生爲內涵，卓越藝術爲外形的文學觀，代表了齊梁間對唯美主義的價値給予更新的肯定。到了簡文帝蕭綱便提出文學新變之論，期以自己的語言來表達情志，在辭藻聲韵上變古翻新，奠定文學獨立的基礎，他說：

竊嘗論之，日月參辰，火龍黼黻，尚且着於玄象，章乎人事，而況文辭可止，詠歌可輟乎。不爲壯夫，揚雄實小言破道，非謂君子，曹植亦小辯破言，論之科刑，罪在不赦。(答張纘謝示集書)

其中不但攻擊揚雄與曹植輕視文學獨立的態度，並針對當時文人不事藻飾的現象，提出追求文字華美，音調鏗鏘的對症藥石，他批評謝朓、沈約的詩，任昉、陸倕的筆爲文章冠冕，述作楷模，想必都是以此爲標準。

同時，他的介弟蕭繹，對雕飾辭藻，也有相同的見解，他在金樓子立言篇說：

至如文者，惟須綺縠紛披，宮徵靡曼，脣吻遒會，情靈搖蕩。而古之文筆，今之文筆，其源又異。

所謂『綺縠紛披』，卽藻采之美。所謂『宮徵靡曼』，卽聲調之美。所謂『脣吻遒會』，卽韵律之美。所謂『情靈搖蕩』，卽情致之美。易言之，文學除表達意思外，尚須有藻采，協聲律，而富感情，卽今日所稱的純文學。

蓋文學由樸而華，由平淡而絢爛，是進化的公例，也是自然的趨勢，蕭統所論已爲明證，蕭繹則有更具體的說明，這是唯美文學全盛的高潮，其中以江淹、王褒、蕭綱、蕭繹、何遜、陰鏗、庾信等人，刻鏤之鈿，纂組之工，摛辭之美，皆超軼前代，率舉三十首爲例，以供觀覽。

❶方舟泛春渚。携手趨上京。安知慕歸客。詎憶山中情。香風蕊上發。好鳥葉間鳴。揮袂送君已。獨此夜琴聲。（謝朓送江兵曹檀主簿朱孝廉還上國）

❷道勝業茲遠。心閑地能隙。桂橑鬱初裁。蘭墀坦將闢。虛檐對長嶼。高軒臨廣液。芳草列成行。嘉樹紛如積。流風轉還逕。清煙泛喬石。日汨山照紅。松映水華碧。暢哉人外賞。遲遲眷西夕。（王融棲玄寺聽講畢遊邸園七韻應司徒教）

❸徘徊將所愛。惜別在河梁。衿袖三春隔。江山千里長。寸心無遠近。邊地有風霜。勉哉勤歲暮。敬矣事容光。山中殊未懌。杜若空自芳。（王融蕭諮議西上夜集）

❹垂花臨碧澗。結翠依丹巘。非直入游宮。兼期植靈苑。落日芳春暮。遊人歌吹晚。弱刺引羅衣。朱實凌還幰。且歡洛浦詞。無羨安期遠。（梁簡文帝棗下何纂纂）

❺昔未離長信。金翠奉乘輿。何言人事異。夙昔故恩踈。寂寞錦筵靜。玲瓏玉殿虛。掩閨泣團扇。羅幌詠蘼蕪。（梁簡文帝有所思）

❻楊柳亂成絲。攀折上春時。葉密鳥飛礙。風輕花落遲。城高短簫發。林空畫角悲。曲中無別意。

（無別文苑英華作別無誤）併為久相思。（為文苑英華注一作是久文苑英華作一藝文類聚樂府詩集又作併是為相思）
（梁簡文帝和湘東王橫吹曲三首之一折楊柳）

❼借問仙將畫。詎有此佳人。傾城且傾國。如雨復如神。漢后憐飛（一作名）燕。周王重姓申。挾瑟曾遊趙。吹簫屢入秦。玉階偏望樹。長廊每逐春。約黃出意巧。纏絃用法新。迎風時引袖。避日暫披巾。疎花映鬟（一作髻）插。細佩繞衫身。（一作伸）誰知日欲暮。（一作薄）含羞不自陳。（梁簡文帝率爾為詠）

❽漢渚水初綠。江南草復黃。日照（一作暖）蒲心暖。（一作發）風吹梅蕊香。征艫艤湯塹。歸騎息金隍。舞觀衣常襞。（常藝文類聚初學記並作恒）歌臺絃未張。持此橫行去。誰念守空牀。（梁簡文帝從頓蹔還城）

❾洞門扉未掩。金壺漏已催。曛煙生澗曲。暗色起林隈。雪花無有帶。冰鏡不安臺。階楊始倒插。浦桂半新栽。陳根委落蕙。細蕊（一作葉）發香梅。鴈去銜蘆上。猿戲繞枝來。（梁簡文文帝玄圃寒夕）

❿倒流映碧叢。點露擎朱實。花茂蝶爭飛。枝濃鳥相失。已麗金釵爪。仍美玉盤橘。寧異梅似丸。不羨萍如日。永植平臺垂。長與雲桂密。徒然奉推甘。終以愧操筆。（梁簡文帝奉荅南平王康賚朱櫻）

⓫晨風白金絡。桃花紫玉珂。影斜鞭照曜。塵起足蹉跎。任俠稱六輔。輕薄出三河。風吹鳳凰袖。

日映織成靴。違江艫舳少。遙山煙霧多。雲開瑪瑙葉。水淨琉璃波。廣路拂青柳。迴塘繞碧莎。不效孫吳衆。寧須趙李過。（梁簡文帝西齋行馬）

⑫行行異沂海。依依別路岐。水苔隨纜聚。岸柳拂舟垂。石菌生懸葉。江槎流臥枝。燭盡悲宵去。酒滿惜將離。（梁簡文帝送別）

⑬細樹含殘影。春閨散晚香。輕花鬢邊墮。微汗粉中光。飛鳧初罷曲。啼烏忽度行。羞令白日暮。車騎鬱相望。（梁簡文帝晚景出行）

⑭芬芳君子樹。交柯御宿園。桂影含秋色。桃花染春源。落英逐風聚。輕香帶蕊翻。叢枝臨北閣。灌木隱南軒。交讓良宜重。成蹊何用言。（梁元帝芳樹）

⑮巫山巫峽長。垂柳復垂楊。同心且同折。故人懷故鄉。山似蓮花豔。流如明月光。寒夜猿聲徹。遊子淚霑裳。（梁元帝折楊柳）

⑯新鶯隱葉囀。新燕向窗飛。柳絮時依酒。梅花乍入衣。玉珂逐風度。金鞍映日輝。無令春色晚。獨期行人歸。（梁元帝和劉上黃春日）

⑰楊柳亂如絲。綺羅不自持。春草黃復綠。（黃復宋刻玉臺作青復誤藝文類聚作復黃亦誤今從吳氏注本）客心傷此時。翠菭巳結湔。（翠或作青）碧水復盈淇。日華照趙瑟。風色動燕姬。襟中萬行淚。故是一相思。（沈約春思）

⑱風來吹葉動。風去畏花傷。紅映巳照灼。況復含日光。歌童暗理曲。游女夜縫裳。詎減當春淚。

能斷思人腸。（沈約詠桃）

⑲綠階已漠漠。汎水復綿綿。微根如欲斷。輕絲似更聯。長風隱細草。深堂沒綺錢。縈鬱無人贈。葳蕤徒可憐。（沈約詠青苔）

⑳杳杳長役思。思來使情濃。恆忌光氛度。藉蕙望春紅。青莎被海月。朱華冒水松。輕風曖長嶽。雄虹赫遠峯。日暮崦嵫谷。參差綵雲重。永願白沙渚。遊衍遂相從。丹山有琴瑟。不爲憂傷容。（江淹陸東海譙山集）

㉑秋蓬飄秋甸。寒藻泛寒池。風條振風響。霜葉斷霜枝。幸及清江滿。無使明月虧。月虧君不來。相期竟悠哉。（范雲贈俊公道人）

㉒孤煙起新豐。候鴈出雲中。草低金城霧。木下玉門風。別君河初滿。思君月屢空。折桂衡山北。摘蘭沅水東。蘭摘心焉寄。桂折意誰通。（范雲別詩）

㉓閬苑秋光暮。水塘牧潦清。荷低芝蓋出。浪涌燕舟輕。逆湍流棹唱。帶谷聚笳聲。野竹交臨浦。山桐迴出城。水逐雲峯闇。寒隨殿影生。（庾肩吾山池應令）

㉔落葉思紛紛。蟬聲猶可聞。水中千丈月。山上萬重雲。海鴻來倏去。林花合復分。所憂別離意。白露下霑裙。（吳均贈鮑春陵別）

㉕蕭蕭藂竹映。澹澹平湖淨。葉倒漣漪文。水漾檀欒影。相思不會面。相望空延頸。遠天去浮雲。長墟斜落景。幽痾與歲積。賞心隨事屏。鄉念一邅迴。白髮生俄頃。（何遜望廨前水竹答崔錄事）

㉖欄外鶯啼罷。園裏日光斜。游魚亂水葉。輕燕逐風花。長墟上寒靄。曉樹沒歸霞。九華暮已隱。抱鬱徒交加。（何遜贈王左丞）

㉗暮煙起遙岸。斜日照安流。一同心賞夕。暫解去鄉憂。野岸平沙合。連山近霧浮。客悲不自已。江上期歸舟。（何遜慈姥磯）

㉘秩滿三秋暮。舟虛一水濱。漫漫遵歸道。（一本作路）淒淒對別津。晨風下散葉。歧路起飛塵。長岑舊知遠。萊蕪本自貧。被裏（一作服詩紀作裹）恆容吏。正朝不繫民。惟當有一犢。留持贈後人。（陰鏗罷故章縣）

㉙客行逢日暮。結纜晚洲中。戍樓因嵁險。村路入江窮。水隨雲度黑。山帶日歸紅。遙憐一柱觀。欲輕千里風。（陰鏗晚泊五洲）

㉚岸煙起暮色。岸水帶斜暉。逕狹橫枝度。簾搖驚燕飛。落花承步履。流澗寫行衣。何殊九枝蓋。薄暮洞庭歸。（徐陵春日）

第二節　聲律諧美

中國文字的特質爲孤立與單音，惟其爲孤立，故宜於講究排比對偶；惟其爲單音，故宜於講究韻調和諧。文心雕龍聲律篇有云：

夫音律所始，本於人聲者也，聲含宮商，肇自血氣，先王因之，以制樂歌。

我國文字雖屬衍形，而應用則爲衍聲，故形聲字佔十之八九。又同音字特多，於是漸有輕重疾徐的分別。惟古人作文，但憑口吻調利與否以爲斷，因此不知不覺間，自然與之暗合，是爲天然的音節，詩、騷均以此成篇，漢賦、古詩十九首的音韵亦自然天成。大抵最初的聲律，便是指這合乎自然美感的韵調。聲律篇又說：

言語者文章神明，樞機吐納，律呂唇吻而已。

凡聲有飛沈，響有雙叠。

聲轉於吻，玲玲如振玉，辭靡於耳，纍纍如貫珠矣。是以聲畫姸蚩，寄在吟詠；吟詠滋味，流於字句，字句氣力，窮於和韻；異音相從謂之和，同聲相應謂之韻。

最初在詩樂未分之前，音律卽包含在音樂之中，後雖分歧，而詩歌本身的音樂性仍爲其重要生命，故聲韵的講求必不可缺。錢大昕潛研堂文集杜詩雙聲叠韵譜序云：

自書契肇興，而聲音寓焉。同類相召，本於天籟，而人聲應之。軒轅栗陸以紀號，皐陶厖降以命名；股肱叢脞，虞廷之賡歌也；昆侖浪滄，禹貢之敷土也；童蒙盤桓，文王之演易也；瞻天象則有蝃蝀辟歷；辨土性則有甌寠汙邪；宣尼删詩，存三百五篇，而斯理彌顯。伊威蠨蛸，町曈熠燿，則數句相聯；崔嵬虺隤，高岡元黃，則隔章遙對；倘有好古知音者，類而列之，牙、舌、唇、齒、喉，犂然各當於心矣。天下之口相似，古今之口亦相似也，豈古昔聖賢猶昧於玆，直待梵夾西來，方啓千古之長夜哉？魏世儒者，創爲反切；六朝人士，好言雙聲疊韻，故其詩文，鏗鏘流美，異於傖楚之音。唐之杜子美聖於詩者也，其自言曰：『老去漸於詩律細』，蓋詩家皆祖述風騷，唯子美性與天合，不徒得三百篇之性情，幷三百篇之聲韻而畢肖之；組織纏綿，自然成章，良工之用心，通於天籟，此之謂律細也。……

沈德潛的說詩晬語也提到：

詩以聲爲用者也，其微妙在抑揚抗墜之間，讀者靜氣按節，密詠恬吟，覺前人聲中難寫響外別傳之妙，一齊俱出；朱子云：『諷詠以昌之，涵濡以體之。』眞得讀詩趣味。

這都闡明音韻在詩的地位，不單是表達涵義，且透過抑揚頓挫的吟詠，可將作者的智慧與音節美感一起呈現出來，而達到體物入神的妙境。近儒黃侃先生推勘此種文貴聲律之理，更有卓越的見解：

至於調和聲律，本愜人情。觀夫琴瑟專壹，不能爲聽。語言哽介，不能達懷。故絲竹有高下之均，宣唱貴清英之響。然則文詞之用，以代語言，或流弦管，焉能廢斯樂語，求諸鄙言，以調喉娛耳爲非，以蹇吃冗長爲是哉。（書後漢書論讚）

故聲律成爲修辭的一環，就是在傳達情感，鮮明意象與優美節奏方面有不可抹滅的價值。

建安以後，文學的唯美主義與浪漫思潮，乘其自由發展的機運，而勇向藝術至上之路邁進，如怒濤排壑，不可阻遏。降至南朝，王融謝脁周顒沈約諸子，聲氣相求，桴鼓相應，提倡聲律學說，振鑠天下，不但揭開千古以來的奧秘，抑且使文學體貌煥然一新。但此種劃時代的創學，決非憑空而起，

後人作詩行文有所依循而已。也不是少數一二人所能爲力。永明諸子僅是集前修之大成，再作有系統的整理歸納，制爲定法，俾使

一　聲律論的濫觴

一、永明以前的一般理論

文學家研究聲律見於篇章者，莫早於晉代陸機的文賦，不單重視詩文視覺效果，更追求聽覺效果。他說：

其爲物也多姿，其爲體也屢遷，其會意也尚巧，其遣言也貴妍。曁音聲之迭代，若五色之相宣。雖逝止之無常，固崎錡而難便。苟達變而識次，猶開流以納泉。如失機而後會，恆操末以續顚。謬玄黃之秩敍，故淟涊而不鮮。

言行文的次序，一如樂曲，音調須錯綜變化，組織須恰當而有秩序，方能悅耳動聽，達到和諧的音樂美。今儒高仲華先生有極精闢的闡釋：

晉代的陸機作一篇文賦，其中有一段專講聲律。……我們從這一段話裏，可以看出陸機已發現了文辭聲律的四大原則，就是『錯綜』、『變化』、『恰合』和『秩敍』。錯綜的原則，是說同一聲音連接使用得太多，必定單調而惹厭，如果把不同的聲音連接起來使用，便有抑揚高下，使人聽起來悅耳。所以他說：『曁音聲之迭代，若五色之相宣。』

變化的原則，是說不同的聲音連接在一起的方式，如果一成不變，也就不美，必須用各種不同的方式，連接各種不同的聲音，纔能表現聲律的奧妙。所以他說：『苟達變而識次，猶開流以納泉。』

恰合的原則，是說錯綜變化的聲音，必須與錯綜變化的情意，若合符節，同時聲音的本身，當錯綜時就要錯綜，當變化時就要變化，必須確當的把握住時機。所以他說：『如失機而後會，恆操末以續顚。』

秩敍的原則，是說聲音雖要錯綜變化，但並非漫無限制，必須要有條理，有節奏。有條理，纔不零亂，有節奏，纔不散漫。所以他又說：『謬玄黃之秩敍，故淟涊而不鮮。』

他雖然還沒有能把聲音作過細的分析，沒有明確的知道調協聲律的方法，但能够發現這四大原則，在文辭的創作上已是一大進步。到了南朝，一般文人受到了陸機的啓示，更熱中於聲律的研究，於是聲律的奧妙更被人陸續的抉發出來。（中國修辭學研究第二章第七節）

由此可知，陸氏已發現文辭聲律的原則。近儒黃季剛先生所見尤卓，他說：

爲文須論聲律，其說始於魏晉之際，而遺文粲然可見者，惟士衡文賦數言。（中略）細審其旨，蓋謂文章音節，須令諧調，本之詩序情發於聲成文爲音之說，稽之左氏琴瑟專壹誰能聽之之言，故非士衡所刱獲也。（文心雕龍札記聲律篇）

以音節評論詩文，探討詩中同聲相應，異音相從的道理，始於陸機，是毫無疑問的，而兩晉作家如潘岳張協左思之倫，下逮劉琨郭璞孫綽之輩，作品莫不比響聯詞，精協宮商，故陸機的主張，可視爲齊梁聲律論的先聲。

至宋元嘉時，則有范曄繼起，欲將自然音調，制定爲人工音律。雖然他對當時一般文士專尙藻續，疏於情意的作風十分不滿，曾痛加譴責，却對構成文學形式美的首要條件音韻和諧，獨未忘情。其與諸甥姪書云：

> 性別宮商，識清濁，斯自然也。觀古今文人，多不全了此處，縱有會此者，不必從根本中來。言之皆有實證，非爲空談。年少中，謝莊最有其分，手筆差易，文不拘韻故也。吾思乃無定方，特能濟難適輕重，所稟之分，猶當未盡。

由於他通習音樂，能別聲音的清濁宮商，較陸機的『音聲迭代』，概念更爲明確清晰，他還頗自憙於音學的獨到創見與發現：

> 吾於音樂，聽功不及自揮，但所精非雅聲，爲可恨。然至於一絕處，亦復何異邪。其中體趣，言之不盡，弦外之意，虛響之音，不知所從而來。雖少許處，而旨態無極。亦嘗以授人，士庶中未有一豪似者。此永不傳矣。（同　上）

王融曾稱讚他說：『宮商與二儀俱生，自古詞人不知之，惟見范曄、謝莊頗識之耳。』（鍾嶸詩品序引）可見范氏確有意將自然聲調制爲人工音律，若非慘遭迫害，成爲政爭迫害下的犧牲者，或許四聲論可提早完成，亦未可知。

二、永明以前的專門著作

中國文字的字音，向來較不爲學者所注意，自漢鄭玄以下諸儒，方藉『讀若某』『讀如某』『音同某』作爲音義、音訓的方法。至魏初孫炎着爾雅音義，方盡變古人着書慣例，而改用反切的字音表現法。卽以二字之音相切成爲一字之音的方法。顏氏家訓音辭篇云：

> 九州之人，言語不同，生民以來，固常然矣。自春秋摽齊言之傳，離騷目楚詞之經，此蓋其較明之初也。後有揚雄著方言，其言大備，然皆考名物之同異，不顯聲讀之是非。逮鄭玄注六經，高誘解呂覽淮南，許愼造說文，劉熹製釋名，始有『譬況』『假借』，以證音字爾。而古語與今殊別，其閒輕重清濁，猶未可曉。加以『內言』『外言』『急言』『徐言』『讀若』之類，益使人疑。孫叔然創爾雅音義。是漢末人猶知『反語』。至於魏世，此事大行，高貴鄉公不解『反語』，以爲怪異。自玆厥後，音韻鋒出，各有土風，遞相非笑，指馬之諭，未知孰是。共以帝王都邑，參校方俗，考覈古今，爲之折衷。

其實反切自魏以前已經存在，但使用者寥寥無幾。直到漢末佛敎經典大量傳入中國，方大行於世。而聲律學說的昌明，正是受梵語翻譯爲華文的影響，蓋華文以形爲主，初無所謂字母，梵語有三十四聲母，十六韵母，孳生一切文字，音又分別陰陽，故印度雅語必合韵律，優美動聽，切韵之學，遂與佛經以俱來，孫炎便依據此理而創反切。隋書經籍志說：

> 自後漢佛法行於中國，又得西域胡書，以十四字貫一切音，文省而義廣，謂之婆羅門書，與八

體六文之義殊別。

在梵文字母輸入中國之始，確實使一向注重文字衍形的學者們有了深深的覺悟，而不得不注意聲韵的問題了。且自晉室東渡以後，佛學廣布，佛經轉讀的風氣日益盛行，讀經不僅讀其字句，且尙須傳誦美妙的音節，然漢字是單音，爲了適用於重覆的歌讚轉讀，必須參照梵語拼音，以求轉變，故切音辨字日趨精密，反切之法因而大興，四聲之論亦因而成立。慧皎高僧傳慧忍傳論：

> 自大教東流，乃譯文者衆，而傳聲者蓋寡。良由梵音重複，漢語單奇。若用梵音以詠漢語，則聲繁而偈迫，若用漢曲以詠梵文，則韻短而辭長。

又：

> 天竺方俗，凡是歌詠法言，皆稱爲唄。至於此土，詠經則稱爲轉讀，歌讚則號爲梵音。

又慧叡傳：

> 陳郡謝靈運篤好佛理，殊俗之音，多所達解。迺諮叡以經中諸字，幷衆音異旨，於是著十四音訓敍，條例梵漢，昭然可了，使文字有據焉。

又經師論：

> 若能精達經旨，洞曉音律，三位七聲，次而無亂，五言四句，契而莫爽。其間起擲盪舉，平折放殺，游飛却轉，反疊嬌哢，動韻則揄靡弗窮，張喉則變態無盡。故能炳發八音，光揚七善，壯而不猛，凝而不滯，弱而不野，剛而不銳，清而不擾，濁而不蔽，諒足以超暢微言，怡養神

性。故聽聲可以娛耳，聆語可以開襟。若然，可謂梵音深妙，令人樂聞者也。

可見聲韻研究，實深受佛經翻譯與轉讀的雙重影響。

繼孫炎而作的，有李登聲類十卷，以五聲命字，爲韻書之祖，晉呂靜仿聲類作韻集六卷，魏書江式傳云：

晉世呂靜曾倣聲類，作韻集五卷，曰宮、商、角、徵、羽，各爲一篇。

隋書潘徽傳也說：

李登聲類，呂靜韻集，始判清濁，才分宮羽。

可見在魏晉時，聲韻已分出清濁宮羽，並由於佛經翻譯轉讀的關係，標舉反切之法，讀出輕重節奏，以增加美感，四聲觀念方告成立。近儒陳寅恪先生對此論述綦詳，節錄之以備考鏡。

初問曰：中國何以成立一四聲之說，卽何以適定爲四聲，而不爲五聲，或七聲，抑或其他數之聲乎。

答曰：所以適定爲四聲，而不爲其他數之聲者，以除去本易分別，自爲一類之入聲，復分別其餘之聲爲平上去三聲。綜合通計之，適爲四聲也。但其所以分別其餘之聲爲三者，實依據及摹擬中國當日轉讀佛經之三聲。而中國當日轉讀佛經之三聲又出於印度古時聲明論之三聲也。據天竺圍陀之聲明論，其所謂聲（svara）者，適與中國四聲之所謂聲者相類似。卽指聲之高低言，英語所謂 pitch accent 者是也。圍陀聲明論依其聲之高低，分別爲三：一曰 udātta，二曰 svarita，三曰 anudātta。佛教輸入中國，其教徒轉讀經典時，此三聲之分別亦隨之輸入。至當日佛教徒轉讀其經典所分別之三聲，是否即與中國之平上去三聲切合，今日固難詳知，然二者俱依聲之高下分爲三階，則相同無疑也。中國語之入聲皆附有k、p、t等輔音之綴尾，可視爲一特殊種類，而最易與其他之聲分別。平上去則其聲響高低相互距離之間雖有分別，但應分別之爲若干數之聲，殊不易定。故中國文士依據及摹擬當日轉讀佛經之聲，分別定爲平上去之三聲，合入聲共計之，適成四聲。於是創爲四聲之說，並撰作聲譜，借轉讀佛經之聲調，應用於中國之美化文。此四聲之說所由成立，及其所以適爲四聲，而不爲其他數聲之故也。

（清華學報第九卷第二期）

二　永明聲律

永明之世，反切的運用日漸廣泛，平上去入四聲的分析也愈益明確，雖然沈約的四聲譜，周顒的四聲切韵，王斌的四聲論，已漸失傳，莫得其詳，却顯示對詩文聲韵的講求，已由自然直覺的表現，轉而爲人工匠意的製定了，其中以四聲行文制韵者，有沈約、謝脁、王融諸人。南史陸厥傳云：

永明時，盛爲文章，吳興沈約、陳郡謝脁、琅邪王融以氣類相推轂，汝南周顒善識聲韻。約等文皆用宮商，將平上去入四聲，以此制韻，有平頭、上尾、蜂腰、鶴膝。五字之中，音韻悉異，兩句之內，角徵不同，不可增減。世呼爲永明體。

而當時提倡四聲者，周顒早沒，王斌生平不詳，王融、謝朓又死於非命，碩果僅存的，惟有沈約，他的音律理論，可自其所撰宋書謝靈運傳論中見之。

若夫敷衽論心，商榷前藻，工拙之數，如有可言。夫五色相宣，八音協暢，由乎玄黃律呂，各適物宜。欲使宮羽相變，低昂舛節，若前有浮聲，則後須切響。一簡之內，音韻盡殊，兩句之中，輕重悉異。妙達此旨，始可言文。至於先士茂製，諷高歷賞，子建函京之作，仲宣霸岸之篇，子荊零雨之章，正長朔風之句，並直舉胸情，非傍詩史，正以音律調韻，取高前式。自騷人以來，多歷年代，雖文體稍精，而此秘未覩。至於高言妙句，音韻天成，皆暗與理合，匪由思至。張蔡曹王，曾無先覺，潘陸顏謝，去之彌遠。世之知音者，有以得之，知此言之非謬。如曰不然，請待來哲。

『宮羽相變，低昂舛節』是音律論的總原則，謂作品須平仄相間，音韻和諧，以產生聽覺美感，且以此爲依據，製定出遵守的定律。而其精要則在『前有浮聲，後須切響』兩句，但卻意欠顯豁，致使後學者頗多歧見：

❶劉勰文心雕龍聲律篇：

凡聲有飛沈，響有雙疊，雙聲隔字而每舛，疊韻雜句而必睽，沈則響發而斷，飛則聲颺不還，並轆轤交往，逆鱗相比。迂其際會，則往蹇來連，其爲疾病，亦文家之吃也。

按黃侃先生文心雕龍札記聲律篇云：『飛謂平清，沈謂仄濁，一句純用仄濁，或一句純用平清，則讀時亦不便，所謂「沈則響發而斷，飛則聲颺不還」也。』所言甚是。蓋『飛』字指『浮聲』，『沈』字指『切響』，即後人所謂平仄。

❷蔡寬夫詩話：

聲韻之興，自謝莊沈約以來，其變日多。四聲中又分別其清濁以為雙聲，一韻者以為疊韻。蓋以輕重為清濁爾，所謂前有浮聲則後有切響是也。（宋詩話輯佚）

按蔡氏以為『浮聲』『切響』即是『輕重』『清濁』，即『浮聲』為聲的『輕』『清』，『切響』為聲的『重』『濁』，亦為後人所謂的平仄。

又按何焯義門讀書記沿襲其說云：『浮聲切響即是輕重，今曲家猶講陰陽清濁。』

❸劉師培中古文學史宋齊梁陳文學概論：

彥和謂『聲有飛沈，沈則響發而斷，飛則聲颺不還』，即沈氏所謂『前有浮聲，後須切響，兩句之中，輕重悉異。』謂一句之內，不得純用濁聲之字，或清聲之字也。（聲律說之發明）

❹陳鐘凡中國文學批評史：

其言『前有浮聲，後須切響』者，所以判低昂，審平仄，蓋一句之中不得純用平聲字或仄聲字也。（第七章第三節）

言『聲有飛沈，沈則響發而斷，飛則聲颺不還』，即沈氏所謂『前有浮聲，後須切響，兩句之中，輕重悉異。』謂一句中不得純用平聲字或仄聲字。（第七章第四節）

❺郭紹虞中國文學批評史：

須知蔡氏之所謂清濁，卽沈約之所謂輕重，劉勰之所謂飛沈，而後世之所謂平側。平側之分，本亦由於同紐的關係。所以蔡氏謂『蓋又出於雙聲之變』。仇兆鰲杜詩詳注亦宗蔡說。……文心雕龍聲律篇云：『凡聲有飛沈，響有雙疊。』雙疊卽韻與紐的問題，飛沈則清與濁的關係。以濁夾清，則是蜂腰。其病在『沈』，所謂『沈則響發而斷』也。以清夾濁，則爲鶴膝。其病又在『飛』，所謂『飛則聲颺不還』也。（第二章第四節第一目）

綜覽前述，吾人可得一簡單的結論：『浮聲』，卽劉勰所謂的『飛』，當是平聲；『切響』，卽劉勰所謂的『沈』，當是仄聲。平仄必須相間，方可達到音調之美。一句中若平聲字過多，則其聲飛颺而不能回環，若仄聲字過多，則其聲蹇礙而不能暢順。雖然當時人對平仄的用詞並不統一，但以四聲爲標準，想進一步簡化爲兩類的目標是一致的，爲達到此要求，因此多並舉在意義上相對立的名詞，如高下、低昂、清濁、輕重、飛沈、浮切，總須兩相對立，才能簡化配合。至平仄確立之後，這些術語也就無形中取消了，故可視爲平仄的先聲。（據郭紹虞再論永明聲病之說〇中古文學七書）

而『一簡之內，音韻盡殊。』卽彥和所謂『響有雙疊，雙聲隔字而每舛，疊韻雜句而必睽。』『異音相從謂之和，同聲相應謂之韻。』（文心雕龍聲律篇）說明一句之中，不得重複使用同聲母及同韻母的字。（據劉師培之說〇中古文學史）『兩句之中，輕重悉異。』則指兩句之內，輕重須錯綜爲用，始可產生音節諧調的美感。

沈約所提倡的音律說，在積極建設方面，是明辨四聲與錯綜音韻，而消極避忌方面，則爲詩學八病的探討。郭紹虞在中國文學批評史中將所謂八病區分爲四組：平頭，上尾爲一組，言同四聲之病。蜂腰，鶴膝爲一組，言同清濁之病。大韵，小韵爲一組，言同韵之病。旁紐，正紐爲一組，言同紐之病。其實，在聲律說尚未發展凝聚至頂峯時，八病是永明體必須避忌的規則。沈約答陸厥書云：

十字之文，顚倒相配，字不過十，巧歷已不能盡。

史通雜說篇亦云：

自梁室云季，雕蟲道長，平頭上尾，尤忌於時。

可見齊梁詩所着眼的問題，是兩句十字間的音調變化，用意只在儘量避免聲調或雙聲疊韵等音韵上相同的因素，使聲音的變化繁多錯綜而已，因此齊梁新體詩篇幅雖短，句子却無定數。直到近體詩成立以後，兩聯間的關係更爲密切，格式也已固定，對音聲之美的追求達到極峯，八病的缺點，自然不必再講求了。（參用王瑤氏隸事聲律宮體之說〇見中國中古文學史等七書）

聲律說的興起，在當時學術界有批評與反對兩種主張。前者如陸厥，他在與沈約書中認爲古人文辭已有合音律之處，且一個人的文思有遲速工拙之別，於音律自難免有合與不合，事實上陸厥所云是指自然音調，與沈約的人工音律，是迥然不同的。

至於反對音律者，首爲梁武帝，他嘗問周捨何謂四聲，捨答『天子聖哲是也』，然終不遵用。（見梁書沈約傳）武帝雖躋身『竟陵八友』之列，但思想保守，不喜新體，厭惡音樂。梁書武帝紀云：

非宗廟祭祀大會饗宴，及諸法事，未嘗作樂。

其薄四聲而不用，由此便可窺其端倪。

繼梁武之後，著文抨擊人工聲律者爲鍾嶸。其詩品序云：

齊有王元長者，嘗謂余云：『宮商與二儀俱生，自古詞人不知之，惟顏憲子乃云律呂音調，而其實大謬，唯見范曄謝莊頗識之耳。嘗欲造知音論，未就。』王元長創其首，謝朓沈約揚其波。三賢或貴公子孫，幼有文辯。於是士流景慕，務爲精密，襞積細微，專相陵架，故使文多拘忌，傷其眞美。余謂文製本須諷讀，不可蹇礙，但令清濁通流，口吻調利，斯爲足矣，至於平上去入，則余病未能，蜂腰鶴膝，閭里已具。

他以『清濁通流，口吻調利』的自然音律，抨彈沈氏的人工音律，不免稍涉意氣，古詩自完全脫離音樂以後，欣賞方式便由歌唱轉入吟詠，詩的音樂性與韻律美，不再仰仗絲竹管絃，必須乞助語言文字本身。再者，就五言詩而論，前人對題材意境的擷取描繪，逞能競巧，至齊梁已無可復加，尙未盡美者，僅聲律猶未錯綜而已，故永明詩人們罄其心血，竭其思慮，假借人爲力量，使詩韻更諧叶完美。沈氏宮羽相變、浮聲切響之說，既合韻文聲律宜相間相重的音學原理，且開三唐律近，垂範後昆，是不容許輕易詆訶，一筆抹殺的。（參用吾師張仁青先生之說○見駢文學第四章第四節）茲舉若干例證，以見自永明聲律至唐人絕律其間演變之概略。

❶懷春發下蔡。含笑向陽城。恥爲飛雉曲。好作鵾鷄鳴。（齊王融陽翟新聲）

按『城』、『鳴』爲韻脚，全詩聲調仍多未合唐律。又按：以下詩例，『○』表平聲，『●』表仄聲，而聲調異於唐律者，則在平仄符號下復以『△』表之。

❷落日高城上。餘光入繐帷。寂寂深松晚。寧知琴瑟悲。（齊謝朓銅雀悲）

按『帷』、『悲』爲韻脚。全詩聲調三、四句多不合唐律。

❸山中上芳月。故人清樽賞。遠山翠百重。迴流映千丈。花枝聚如雪。蕪絲散猶網。別後能相思。何嗟異封壤。（齊謝朓與江水曹至千濱戲）

按『賞』、『丈』、『網』、『壤』爲韻脚，中二聯雖對仗工整，然聲調與唐律仍多差異。

❹差池燕始飛。羃歷草初輝。離人悵東顧。遊子愴西歸。清潮已駕渚。溽露復沾衣。一乖當春聚。方掩故園扉。（齊虞炎餞謝文學離夜）

按『輝』、『歸』、『扉』爲韻脚，中二聯對仗工整，但第六句未押韻，聲調已漸合唐律。

❺大谷來旣重。岷山道又難。摧折非所吝。但令入玉盤。（梁沈約詠梨應詔）

按『難』、『盤』爲韻脚，全首聲調僅一、四兩句未全合唐律。

❻可愛宜男草。垂采映倡家。何時如此葉。結實復含花。（梁元帝宜男草）

按『家』、『花』爲韻脚。全詩聲調僅第二句第二字不合唐律。

❼兩葉雖為贈。交情永未因。同心何處恨。梔子最關人。（梁徐排妻劉氏）

按『因』、『人』爲韻脚。全首聲調悉合唐律。

❽絕訝梅花晚。爭來雪裏窺。下枝低可見。高處遠難知。俱羞惜腕露。相讓到腰羸。定須還剪綵。學作兩三枝。（梁簡文帝雪裏覓梅花）

按『窺』、『知』、『羸』、『枝』爲韵脚，中二聯對仗工整，全首聲調僅五、六兩句不合唐律。

❾依峯形似鏡。構嶺勢如蓮。映林同綠柳。臨池亂百川。碧苔終不落。丹字本難傳。有邁東明上。來遊皆羽仙。（梁南鄉侯推賦得翠石應令）

按『蓮』、『川』、『傳』、『仙』爲韵脚，中二聯對仗工整，全詩聲調僅第三句不合唐律。

❿沐道逢將聖。飛觴屬上賢。仁風開美景。瑞氣動非煙。秋樹翻黃葉。寒池墮黑蓮。承恩謝命淺。念報在身前。（梁庾肩吾侍宴）

按『賢』、『煙』、『蓮』、『前』爲韵脚，中二聯對仗工整，全首聲調僅第七句第三字不合唐律。

誠然，自然聲律運用巧妙，會產生『清濁通流，口吻調利』的美感，在齊梁之前的文學家，僅少部份具有審密的文思、敏銳的智慧，故作品可呈現自然化的特質，但並非人人皆有此般智慧，詩人也未必是音樂家，因此如何調暢聲律，使詩歌產生節奏之美，便成爲文人在創作上的窒礙，沈謝之輩，有鑑於此，乃製定了人工聲律，這合理而明顯的標準，使一般文士在易於遵守，且有軌道可循之下，更能將心力全副貫注於作品內涵的充實，有助於提高文學的水準。故人工聲律的製定，乃基於廣大讀者普遍的需要，使平庸之輩亦能從事文學創作，因而產生大量的作家。這在文學發展史上是擁有崇高之地位與不可磨滅的價值的。

第三節　用典繁夥

魏晉以來，繁用典故成爲文學作品的必要條件。反對者以爲，雕蟲小技，有傷眞性；贊賞者則謂用意深厚，麗逸富博。仁智所見，實難定其是非。然文學的發生，與歷史演進有密不可分的關係，苟不悉知歷史，則無以從事文學之研究，此中國文史所以恆爲一體，不容分割的原因。典者，事也，典故就是古事，亦卽歷史的事實，故凡引證歷史事實或前人言語入於詩者，皆稱爲典故。前者爲『用事』，後者爲『用詞』。（參用近人吳芳吉氏再論吾人眼中之新舊文學觀之說）事實上，文學作品善用典故也是一種藝術的表現方式，無論中外，所在多是，譬如『盤根錯節』，英文則言『Ossa on Palion』，『風度翩翩』，英文則言『like an Apollo』蓋修辭不僅止於白描，有時欲以簡潔文字來表達繁複的意思，使作品富有濃厚的神秘性，象徵性與趣味性，就必須以典故爲陪襯，從而增加美感，提高其藝術價値。

文心雕龍事類篇云：

> 事類者，蓋文章之外，據事以類義，援古以證今者也。

所謂事類，卽是用典。近人劉永濟有詳細的解釋：

> 文家用古事以達今意，後世謂之用典，實乃修辭之法，所以使言簡而意賅也。故用典所貴，在於切意，切意之典，約有三美：一則意婉而盡，二則藻麗而富，三則氣暢而凝。（文心雕龍校釋麗

辭篇）

又說：

文家用典，亦修辭之一法。用典之要，不出以少字明多意，其大別有二：一用古事，二用成辭。用古事者，援古事以證今情也。用成辭者，引彼語以明此義也。（文心雕龍校釋事類篇）

黃侃先生且認爲文士徵典隸事，有助於文章之修辭：

齊梁以後，聲律對偶之文大興，用事采言，尤關能事。其甚者，捃拾細事，爭疏僻典，以一事不知爲恥，以字有來歷爲高。文勝而質漸以瀉，學富而才爲之累，此則末流之弊，故宜去甚去奢，以節止之者也。然質文之變，華實之殊，事有相因，非由人力。故前人之引言用事，以達意切情爲宗，後有繼作，則轉以去故就新爲主。陸士衡云：『雖杼軸於余懷，怵他人之我先，苟傷廉而愆義，故雖愛而必捐。』豈唯命意謀篇，有斯懷想，卽引言用事，亦如斯矣。是以後世之文，轉視古人增其繁縟，非必文士之失，實乃本於自然，今之訾謷用事之文者，殆未之思也。（文心雕龍札記麗辭篇）

而今儒成楚望先生在中國文學裏的用典問題一文中，曾詳細說明文學上何以須用典故的理由，闡幽抉隱，屈曲洞達，語至精賅，特節錄以備參較。

㈠用典可以減少文字上的累贅　因爲用典的目的，卽在以極少的字句來表達更多的意思，也就是要以最簡單的字句來說明很複雜和很曲折的意思。譬如『沐猴而冠』，『揠苗助長』，『守株待兎』，『得魚忘筌』，『愛屋及烏』，『投鼠忌器』等等，每一句成語都代表一個典故，也都蘊含着很豐富很複雜的意義，如果我們能把有關的故實，很適當地應用到文章裏去，便可省說許多不必要的話。

㈡爲議論找根據　一般人多少帶有一點『信古』心理，我們在文章裏發議論時，拿古人的話或事實來作議論的根據，可以爭取或加强讀者的信心，而使其同意文中的見解。劉彥和在文心雕龍事類篇所說的『據事以類義，援古以證今』，以及他所列舉書易以次歷代作者『擧人事』、『引成辭』的種種情形，也都不外乎這個道理。

㈢便於比況和寄託　有些不易直率表達的意思，或者不願和不可明顯說出的話，祇有用比附、隱喩、暗射、襯托種種方法來委婉代言，而對這些方法在取材上給以便利的，自然要算歷史中『夥頤沈沈』的故事了。像李義山錦瑟詩裏的『莊生曉夢，望帝春心』，重過聖女祠詩裏的『蕚綠華來，杜蘭香去』，解者無慮千百家，但他究竟所說何事，所指何人，除起義山於九原，別人實在無法知道。此卽由於義山的身世和遭遇，頗多難言之隱，祇好借用典故來抒寫其『勞者自歌，非求傾聽』的心情，也就管不得別人的懂與不懂了。

㈣用以充足文氣　臨文之際，遇着意盡而文氣不足的時候，可借用典的方法來濟其窮。如孫德謙在六朝麗指中所述：『文章運典，於駢體爲尤要。梁簡文敍南康簡王蕚上東宮啓：「伏維殿下愛睦恩深，棠棣天篤。北海云亡，騎傳餘藁，東平告盡，驛問留書。嗚呼此恨，復在玆日。」

此陳況古今，並以足其文氣也。儻與北海兩人故事，文至愛睦二語，不將窮於辭乎，故古典不可不諳習也。有此古典，藉以收束，而文氣亦充滿矣。』便是一個很好的例子。（中國文學裏的用典問題○東方雜誌復刊一卷十一期。）

用典起源甚早，屈宋諸騷，已揚其端，至東漢揚雄，劉歆，張衡，蔡邕等人，試用日繁，然多屬意到筆隨，非有成竹在胸，逮建安始刻意經營。太康以後，用典益盛，潘岳陸機，導其先路，幾乎是一字一典，古事盈篇，李兆洛云：『隸事之富，始於士衡。』（駢體文鈔）洵非虛言。此後作家遞相追逐，非用典不足以言佳作，兩晉詩文中純粹白描的篇什，已不多見了。

南朝因受魏晉清談與玄學的影響，作品多傾於事理的舖陳，且又處心積慮，欲在修辭技巧上爭勝古人，因而造成了用典隸事風氣的全盛，使詩文風貌爲之一變。

自宋顏延之，謝莊始，大量在詩文中用典使事，將魏晉以來嬗變的文風大力推展。至任昉、王融，才有意堆砌新事僻典，變其本而新其貌，以造成形式上突出的效果。鍾嶸詩品序有極扼要的說明：

觀古今勝語，多非補假，皆由直尋。顏延謝莊，尤爲繁密，于時化之。故大明泰始中，文章殆同書抄。近任昉王元長等，詞不貴奇，競須新事，爾來作者，寖以成俗。遂乃句無虛語，語無虛字。

蕭子顯南齊書文學傳論亦云：

今之文章，作者雖衆，總而爲論，略有三體。……次則緝事比類，非對不發，博物可嘉，職成拘制。或全借古語，用申今情，崎嶇牽引，直爲偶說。

劉師培中古文學史言之尤詳：

齊梁文翰與東晉異，卽詩什亦然。自宋代顏延之以下，侈言用事。學者浸以成俗。齊梁之際，任昉用事，尤多慕者，轉爲穿鑿。蓋南朝之詩，始則工言景物，繼則惟以數典爲工，因是各體文章，亦以用事而貴。(宋齊梁陳文學概論)

任昉以自己爲首，組成『蘭臺聚』的雅集，互以名士標榜，炫耀當世，他聚集大批後進文人，實對他『競須新事』的詩風，有推廣作用，且成果可觀，爲梁代文壇帶來一股激流。而當時對文人的評價都以富博爲高。南史王僧孺傳云：

其文麗逸，多用新事，人所未見者，時重其富博。

李沂秋星閣詩話亦云：

讀書非爲詩也，而學詩不可不讀書。詩須識高，非讀書者則識不高；詩須力厚，非讀書則力不厚；詩須學富，非讀書則學不富。……苟以精神用之於讀書，則識見日益高；力量日益厚；學富日益富；詩之神理乃日益出；詩之精采乃日益煥。

數典用事，不但可夸示文人學問的宏博，也最能滿足自驕心理，且不失爲突出前人修辭的好方法。自然蔚成風尙，甚至廣羅秘書，爭疏僻典，以一事不知爲恥，言而有據爲高。綿延至徐、庾，已臻出神入化的境地。如：

娟娟河堤樹，依依魏主營。……妾對長楊苑，君登高柳城。……（徐陵折楊柳）

襄君前建國，項氏昔稜威。鶃飛傷楚戰，鷄鳴悲漢圍。……（庾信入彭城館）

或用事，或用詞，幾乎已達一句一典的境界，却又能不着痕跡，全無匠氣，若非熟讀詩書，融於胸中，曷克臻此？

南朝隸事風氣所以獨盛，原因很多，要而言之，可分爲編纂類書與隸事競賽兩方面說明：

一　類書編纂

隸事風氣的全盛始於齊梁，文人要別出新裁，運用新典故的先決條件則是多讀書，更要多讀世所難見的『異本』。方能勝人一籌，然典籍浩瀚，異本難求，一般人既無此工夫窮覽子史，更乏能耐廣羅秘笈，況且記憶有限也是一大障礙，故分類編集，檢閱方便的類書，遂應運而產生了。

我國最早編纂的類書爲魏初之皇覽。三國志劉劭傳云：

劭黃初中受命集五經羣書，以類相從，作皇覽。

自今存的皇覽遺文看來，多是抄錄原始的舊文資料，未曾重加結撰，僅爲查考用典使事的根據而作，但對詞章家獵取辭藻，綴輯故實却大有幫助，故成爲文人的至寶。專意爲『獵其豔辭』（劉勰語○文心雕龍辨騷篇）而作的類書，在齊、梁盛極一時，如張眎的擿句（見南齊書文學傳論），王微的鴻寶（見鍾嶸詩品序），張纘的鴻寶一百卷，沈約的珠叢一卷，庾肩吾的采璧三卷，朱澹遠的語麗十卷。（並見隋書經籍志雜家類）這些書現在雖然都已亡佚，但顧名思義，可知爲掇拾前人詩文中美麗語句而纂輯的。（參用今人王夢鷗氏『漢魏六朝文體變遷之一』之說○中研院史語所集刊）

此外，經過較詳細編纂的類書，在齊有竟陵王蕭子良的四部要略：

移居鷄籠山西邸，集學士鈔五經百家，依皇覽例，爲四部要略千卷。（南齊書竟陵王子良傳）

在梁，見於南史與梁書的便有四種：

❶安成王蕭秀，使劉峻撰類苑，凡一百二十卷。（南史劉峻傳）

❷簡文帝撰法寶聯璧，與羣士抄撮區分。（陸罩傳）

❸天監十五年敕太子詹事徐勉舉學士入華林撰編略，勉舉思澄顧協劉杳王子雲鍾嶸等五人以應選，八年乃書成，合七百卷。（何思澄傳）

❹中大通三年，皇太子召與諸儒參錄長春義記。（梁書許懋傳）

而當時文士熱衷用典的風氣，又可自以下史料窺見一斑。

李兆洛駢體文鈔：

隸事之富，始於士衡，織詞之縟，始於延之，詞事並繁，極於徐庾，而皆骨足以載之。初唐諸作，則惟恐肉之不勝也。（評顏延之三月三日曲水詩序）

鍾嶸評顏延之之詩：

一句一字，皆致意焉。又喜用古事，彌見拘束，雖乖秀逸，是經綸文雅才。（詩品）

又評任昉之詩：

昉既博物，動輒用事。……少年士子，效其如此。（同上）

南史王僧孺傳：

其文麗逸，多用新事，人所未見者，時重其富博。

按隸事與類書乃互爲因果，用典多，則類書必應運而生，類書多，則用典之風必隨之而盛，類書是智慧的倉庫，可任人選時檢用，來炫耀自己才學的富博，因此在齊梁時代，它已成爲文士們不可缺少的工具。

二　隸事競賽

『緝事比較，非對不發，博物可嘉，職成拘制。』（南齊書文學傳論）是齊梁文人共同的風尚，而聚會時文士們馳騁詞場，競相隸事，更助長了此一風氣，因而呈現空前絕後的奇觀。南齊書竟陵王子良傳：

子良少有清尚，禮才好士，居不疑之地，傾意賓客，天下才學皆遊集焉。善立勝事，夏日客至，爲設瓜飲及甘果，著之文敎，士子文章及朝貴辭翰，皆發敎撰錄。

這種盛宴聚會，自然是文人們炫耀己才的好機會。齊朝王儉更是有意地獎勵與提倡：

尚書令王儉嘗集才學之士，總校虛實，類物隸事，謂之隸事，自此始也。儉嘗使賓客隸事多者賞之，事皆窮，唯廬江何憲爲勝，乃賞以五花簟、白團扇。坐簟執扇，容氣甚自得。摛後至，儉以所隸示之，曰：『卿能奪之乎。』摛操筆便成，文章旣奧，辭亦華美，擧坐擊賞。摛乃命左右抽憲簟，手自掣取扇，登車而去。儉笑曰：『所謂大力者負之而趨。』竟陵王子良校試諸學士，唯摛問無不對。（南史王摛傳）。

王儉自以博聞多識，讀書過澄。澄謂曰：『僕少來無事，唯以讀書爲業，且年位已高。令君少便鞅掌王務，雖復一覽便諳，然見卷軸未必多僕。』儉集學士何憲等盛自商略，澄待儉語畢，然後談所遺漏數百十條，皆儉所未覩，儉乃歎服。儉在尙書省出巾箱几案雜服飾，令學士隸事，事多者與之，人人各得一兩物。澄後來，更出諸人所不知事，復各數條，幷舊物奪將去。（南史陸澄傳）

王儉門下的才士如雲，雖淵博如儉者，如王摛陸澄，亦不得不甘拜下風。又沈約與劉顯相見，互以經史相策，也屬隸事競賽：

沈約爲丹陽尹，命駕造焉。於坐策顯經史十事，顯對其九。約曰：『老夫昏忘，不可受策，雖然，聊試數事，不可至十。』顯問其五，約對其二。陸倕聞之擊席喜曰：『劉郎子可謂差人，雖吾家平原詣張壯武，王粲謁伯喈，必無此對。』其爲名流推賞如此。（南史劉顯傳）

此外，梁武帝亦頗好此道，甚至與臣下爭勝：

梁武帝招文學之士，有高才者多被引進，擢以不次。峻率性而動，不能隨衆沈浮。武帝每集文士策經史事，時范雲沈約之徒皆引短推長，帝乃悅，加其賞賚。會策錦被事，咸言已罄，帝試

呼問峻，峻時貧悴冗散，忽請紙筆，疏十餘事，坐客皆驚，帝不覺失色，自是惡之，不復引見。（南史劉峻傳）

約嘗侍宴，會豫州獻栗，徑寸半。帝奇之，問栗事多少，與約各疏所憶，少帝三事。約出謂人曰：『此公護前，不讓卽羞死。』帝以其言不遜，欲抵其罪，徐勉固諫乃止。（南史沈約傳）

只可懂文治武功，彪炳史册的梁武帝，賦性褊狹，不能容納勝己者，致使江淹才盡（見南史本傳），劉峻寂寞（見南史本傳），沈約幾乎因此獲罪，實屬憾事。

當隸事風氣瀰漫文壇，學者寖以成俗，日久自然產生穿鑿的流弊，筆耕之士，不復能自鑄偉詞，而引起鍾嶸與裴子野的不滿，分別撰詩品及雕蟲論大張撻伐，然自齊王儉倡隸事競賽，用典遂成爲唯美文學不可或缺的修辭要件之一，適當運用，不單使文章搖曳生姿，抑且更能增高其藝術價值，故劉勰採折衷之論，較爲平允，不涉意氣。文心雕龍事類篇云：

夫薑桂同地，辛在本性，文章由學，能在天資。才自內發，學以外成。有學飽而才餒，有才富而學貧，學貧者迍邅於事義，才餒者劬勞於辭情，此內外之殊分也。是以屬意立文，心與筆謀，才爲盟主，學爲輔佐，主佐合德，文采必霸，才學褊狹，雖美少功。

有學問的充實，知所抉擇，再匠心獨運，方能意到筆隨。又云：

是以綜學在博，取事貴約，校練務精，捃理須覈，衆美輻輳，表裏發揮。劉劭趙都賦云：『公子之客，叱勁楚令歃盟，管庫隸臣，呵強秦使鼓缶。』用事如斯，可謂理得而義要矣。

凡用舊合機，不啻自其口出，引事乖謬，雖千載而爲瑕。……夫山木爲良匠所度，經書爲文士所擇，木美而定於斧斤，事美而制於刀筆，研思之士，無慚匠石矣。

夫驅遣古事，固盡人所能，惟優劣之判，則胥視各人之巧思耳。以博學爲基礎，融會貫通，始能推陳出新而不泥於造作承襲，餖飣堆砌或詞枯意晦的陳腔俗調，作獨創性的發揮。

文章之法，並不僅止於白描，援引古事，以況今情，乃修辭法之一，只是用事用詞，須出以謹愼，稍一輕忽，輒滋舛誤，若用以得法，便有畫龍點睛之妙，齊梁文人，深明此理，故能突破前人，成就卓越。

三　用典的方法

用典的方法甚多，一般文士所習用的，有明用、暗用、反用、借用等數種，玆臚述於次：

一、明用

詩中徵引典實，直書其人或其事者，是爲明用。這也是一種最簡單普通的方法，一般人均易於使用。如：

❶既興楚客謠。亦動周王歎。（朱孝廉白雲曲）

❷宓妃生洛浦。遊女出漢陽。（梁武帝戲作）

❸還看西子照。銀牀牽轆轤。（代樂府三首之三雙桐生空井）
❹未驗周為蝶。安知人作魚。（十空六首之四如夢）
❺空聞延壽賦。徒勞岐伯書。（同　上）
❻麗妲與妖嬙。共拂可憐光。（戲贈麗人）
❼漢后憐飛燕。周王重姓申。（率爾爲詠）
❽漢君雖起夢。晉后徒降祥。（和會三教○以上五首梁簡文帝作）
❾安知灞陵下。復有李將軍。（梁元帝別荊州吏民二首之一）
❿寧思柏梁宴。長戢兎園情。（長歌行）
⓫遽淪班姬寵。夙窆賈生墳。（怨歌行）
⓬秦皇御宇宙。漢帝恢武功。（遊沈道士館）
⓭羞言趙飛燕。笑殺秦羅敷。（少年新婚爲之詠）
⓮楚妃思欲絶。班女淚成行。（翫庭柳）
⓯先過飛燕戶。却照班姬牀。（八詠詩登臺望秋月）
⓰文姬泣胡殿。明君思漢宮。（同上○以上六首沈約作）
⓱竊悲杜蘅暮。擥涕弔空山。（江淹吳錫縣歷山集）
⓲柳惠善直道。孫登庶知人。（江淹稽中散康言志）

⑲不辭精衞苦。河流未可塡。（范雲望織女）
⑳晨趨魏公子。夕宿韓王孫。（王僧儒贈顧倉曹）
㉑長卿幸未匹。文君復新寡。（王僧孺見貴者初迎盛姬聊之爲詠）
㉒懸龜識季主。牓酒見相如。（庾肩吾看放市）
㉓已紆漢帝組。復解梁王衣。（吳均贈任黃門二首）
㉔董生唯巧笑。子都信美目。（吳均詠少年）
㉕旣標太沖賦。復見安仁詩。（王筠摘安石榴贈劉孝威）
㉖潘生詠金谷。魏后沈寒溪。（王筠答元金紫餉朱李）
㉗勿令如李廣。功多遂不酬。（劉孝威隴頭水）
㉘弄風思漢朔。戲雨憶吳王。（劉孝威苦暑）
㉙恥染湘妃淚。羞入上宮琴。（劉孝先詠竹）
㉚借問行路人。何如霍去病。（曹景宗光華殿侍宴賦競病韻）
㉛所美周王子。弄羽一參差。（陸罩詠笙）
㉜伯喈恩實早。十杜夭終少。（荀濟贈陰梁州）
㉝懷趙實廉頗。思燕唯樂毅。（同　上）
㉞洛陽遠如日。何由見宓妃。（費昶和蕭記室春旦有所思）

㉟田橫感義士。韓王報主臣。（陸山才刻吳閶門詩）

二、暗用

徵引典實，渾然天成，使人莫測端倪，如羚羊掛角，無跡可尋，又如著鹽水中，無跡而有味。淵博者見之便了解詩中尙有玄機，一般文士讀之亦可望文生義。如：

❶雕梁舊刻杏。香壁本泥椒。（庾信夢入堂內）

按潘岳閑居賦云：『飾文杏以爲梁。』又劉歆西京雜記云：『溫室以椒塗壁。椒房殿在未央宮，以椒和泥塗，取其溫而芬芳也。』初看只道是尋常寫景，實則兩句均有出處。

❷唱歌雲欲聚。彈琴鶴欲舞。（庾信遊山）

按列子湯問篇云：『秦青撫節悲歌，響遏行雲。』又玉符瑞圖云：『晉平公鼓琴，有玄鶴二八而下，銜明珠，舞於庭。』上句言歌聲之美妙。下句言琴聲之悠揚。

❸藜牀負日荷。麥隴帶經鋤。（庾信奉報窮秋寄隱士）

按英雄記云：『向詡常坐藜床上。』又魏略云：『常林，性好學，漢末爲諸生，帶經耕鋤。其妻常餽餉之。雖在田野，相敬如賓。』二句皆言隱居之樂。

❹苦李無人摘。秋瓜不值錢。（庾信歸田）

按晉書云：『王戎與羣兒戲於道側，見李樹多實，等輩競趨之，戎獨不往。或問其故，戎曰：「樹在道邊而多子，必苦李也。」取之，信然。』吳越春秋云：『越伐吳，吳王遯去。走三日三夕，腹餒口饑，因得生瓜，已熟，吳王掇而食之。謂左右曰：「何多而生瓜近道，人不食，何也。」左右曰：「盛夏之時，人食生瓜，起居道傍，子復生，秋霜惡之，故不食。」吳王歎曰：「子胥所謂且食者也。」』言欲歸田里，故作是詩。

❺忽聞桑葉落。正值菊花開。（庾信蒙賜酒）

按水晶注云：『河東郡民有姓劉名墮者，宿擅工釀，採挹河流，醞成芳酎。懸食同枯枝之年，排於桑落之辰，故酒得其名矣。自王公庶友，牽拂相招者，每云索郎有顧，思同旅語。索郎，反語爲桑落。』西京雜記云：『九月九日，佩茱萸，食蓬餌，飲菊花酒，令人長壽。菊花舒時，幷採莖葉，雜黍米釀之。至來年九月九日始熟，就飲焉。故謂之菊花酒。』二句皆在頌美其酒之芳醇。

❻吹簫迎白鶴。照鏡舞山鷄。（庾信詠畫屏風二十四首之三）

按上句出自列仙傳：『蕭史者，秦穆公時人也。善吹簫，致孔雀、白鶴於庭。』下句則見於異苑：『山鷄愛其羽毛，映水則舞。魏武帝時，南方獻之。公子倉舒令置大鏡其前，鷄鑒形而舞，不知止，遂乏死。』二句皆極言屏風之美。

❼水似桃花色。山如甲煎香。（庾信詠畫屏風二十四首之十六）

按上句出自漢書溝洫志：『來春桃花水盛。』下句則出自語林：『石崇厠置甲煎、沉香、無不異備。』此二句語意亦與上例同。

❽此山具鸞鶴。往來盡仙靈。（江淹從冠軍建平王登廬山香爐峯一首）

按上句蜺自張僧鑒豫州記：『洪井西有鸞崗，舊說云洪崖先生乘鸞所憇處也。鸞崗西有鶴嶺，云王子喬控鶴所經處也。』下句蜺自東方朔十洲記：『崐崘山正東曰天墉城，其北戶出承淵山，西王母之所治，眞官仙靈之所宗也。』乃形容香爐山孤峯秀起，不染塵俗。

❾君在天一涯。妾身長別離。（江淹雜體詩三十首之一古離別）

按此二句自古詩十九首行行重行行蛻化而來，原詩爲：『行行重行行，與君生別離，相去萬餘里，各在天一涯。』乃爲別離神傷也。

❿種苗在東皋。苗生蒲阡陌。雖有荷鋤倦。濁酒聊自適。（江淹雜體詩三十首陶徵君潛）

按首句蛻自陶潛歸去來辭：『登東皋以舒嘯。』三、四兩句則蛻自歸田園居詩：『晨興理荒穢，帶月荷鋤歸。』又飲酒詩云：『雖欲揮手歸，濁酒聊自持。』四句皆在頌揚陶公田園生活之恬淡。

⓫日暮碧雲合。佳人殊未來。（江淹雜體詩三十首休上人）

按兩句蛻於魏文帝秋胡行云：『朝與佳人期，日夕殊不來。』此爲懷友之作。

⓬儐從皆珠玳。裘馬悉輕肥。（范彥龍贈張徐州稷一首）

按上句源於史記：『趙平原君使人於春申君，春申君舍之於上舍，趙使欲夸楚，爲玳瑁簪，刀劍並以珠飾之，請春申君客。』又論語云：『赤之適齊也，乘肥馬，衣輕裘。』兩句形容張稷主從衣飾之盛貌。

三、反　用

隸事用典，直用其事稱爲明用，而反用其意則稱爲反用，胡仔苕溪漁隱叢話有很精闢的見解，足資參鏡：

藝苑雌黃云：『文人用故事，有直用其事者，有反其意而用之者。元之謫守黃岡謝表云：「宣室鬼神之間，豈望生還。茂陵封禪之書，惟期死後。」此一聯每爲人所稱道，然皆直用賈誼相如之事耳。李義山詩：「可憐夜半虛前席，不問蒼生問鬼神。」雖說賈誼，然反其意而用之矣。林和靖詩：「茂陵他日求遺稿，猶喜曾無封禪書。」雖說相如，亦反其意而用之矣。直用其事，人皆能之。反其意而用之者，非識學素高，超越尋常拘攣之見，不規規然蹈襲前人陳迹者，何以臻此。』苕溪漁隱曰：『藝苑以元之直用賈誼相如事，不若李義山林和靖反用之。然元之是謝表，須直用其事，以明臣子之心，非若作詩可以反意用，此語殊非通論也。』

❶恨不具鷄黍，得與故人揮。（范彥龍贈張徐州稷一首）

按兩句反用范巨卿事。謝承後漢書云：『山陽范式，字巨卿，與汝南張元伯爲友。春別京師，以秋爲期，至九月十五日，殺鷄作黍，二親笑曰：「山陽去此幾千里，何必至。」元伯曰：「巨卿信士，不失期者。」言未絕而巨卿至。』此言徐稷來訪未遇，深感悵然。

❷雖無玄豹姿，終隱南山霧。（謝朓之宣城出新林浦向版橋）

按兩句反用陶荅子事。列女傳賢明篇云：『陶荅子治陶三年，名譽不興，家富三倍，其妻抱兒而泣，姑怒，以爲不祥，妻曰：「妾聞南山有玄豹，霧雨七日而不下食者，何也，欲以澤其毛而成文章也。故藏而遠害，至於犬彘，肥以取之，逢禍必矣。」朞年，荅子之家，果被盜誅。』此言己雖不如玄豹，隱霧遠害，却也有歸隱南山之志。

❸道士封君達，仙人丁令威。煮丹於此地，居然未肯歸。（庾信和宇文內史春日遊山）

按神仙傳云：『封衡字君達，隴西人也。常駕一青牛，人莫知其名，因號青牛道士。』搜神後記云：『丁令威，本遼東人，學道於靈虛山，後化鶴歸遼。』言山色秀麗，連道士仙人都未肯歸回。

❹遂令忘楚操。何但食周薇。（庾信謹贈司寇淮南公）

按左氏傳云：『晉侯與鍾儀琴，操南音。』南音卽楚聲。古史考：『夷、齊采薇，有婦人謂之曰：「子義不食周粟，此亦周之草木也。」於是餓死。』倪璠云：『傷己屈節仕周，深愧偉之使齊全節也。』

❺無勞問待詔。自識昆明灰。（庾信奉和闡弘二教應詔）

按兩句反用東方朔事。漢書東方朔傳云：『朔待詔金馬門。』顏師古注引應劭云：『諸臣才技徵召，未有正官，故曰待詔。』又三輔黃圖云：『武帝初，穿昆明池，得黑土。帝問東方朔，朔曰：「西域胡人知之。」乃問胡人，胡人曰：「燒刼之餘灰也。」』

❻軒臺聊可習。仙的不難登。（庾信北園射堂新成）

按山海經云：『西王母之山，有軒轅臺，射者不敢西向。』今云軒臺可習，仙的易登，均反用其事。

❼長門一紙賦。何處覓黃金。（庾信幽居值春）

按司馬相如長門賦序云：『孝武皇帝陳皇后，時得幸，頗妬。別在長門宮，愁悶悲思，聞蜀郡成都司馬相如天下工爲文，奉黃金百斤爲相如、文君取酒，因於解悲愁之辭。而相如爲文以悟主。陳皇后復得親幸。』此則反用其事，謙言自己的作品沒有價值。

❽鞭石未成雨。鳴鳶不起風。（庾信和樂儀同苦熱）

按虞喜志林云：『夷陵有陰陽石，陰石常潤，陽石常燥。旱則鞭陰石，必雨；久雨，鞭陽石則止。』曲禮云：『前有塵埃，則載鳴鳶。』鄭玄注云：『鳥鳶鳴則將風。』倪璠云：『言久熱思風雨也。』

⑨連盟翻滅鄭。仁義反亡徐。（庾信奉和永豐殿下言志十首之八）

按徐偃王志云：『徐偃王治國，仁義著聞。欲舟行上國，乃導溝陳、蔡之間。得朱弓矢，以爲天瑞，遂因名爲號，自稱徐偃王。江、淮諸侯服從者三十六國。周王聞之，遣使至楚，令伐之。偃王愛民，不鬪，遂爲楚敗。』仁義王政足以興國，今徐偃行仁反致徐亡，是反用其事，倪璠云：『喻梁武佞佛而梁亡也。』

⑩鮑魚寧入俎。釣鼈詎充厨。（徐陵同汪詹事登宮城南樓）

按賈誼書云：『文王使太公望傅太子發，嗜鮑魚，公不與，曰：「鮑魚不登俎，豈有非禮而可養太子哉。」』今言鮑魚入俎，乃反用也。

⑪有菊翻無酒。無絃則有琴。（庾信臥疾窮愁）

按續晉陽秋云：『陶潛嘗九月九日出宅邊菊叢中，坐久之，滿手把菊。値王弘送酒至，卽便就酌，醉而歸。淵明不解音律，而蓄無絃琴一張，每酒適，輒撫弄以寄其意。』此則反用其事，言己乃一介俗人，略無陶公之高致。

⑫從今覓仙藥。不假向瑤臺。（庾信蒙賜酒）

按此言古時后羿求仙丹於西王母，其妻姮娥偸食而奔月宮，今蒙君主賜酒，如瓊漿玉液，自可不向瑤臺索求仙藥。

四、借用

用古人詞語，而不用其文意，稱爲借用。楊萬里誠齋詩話云：

詩家借用古人語，而不用其意，最爲妙法。如山谷詠猩猩毛筆：『平生幾兩屐，身後五車書。』

猩猩善飲酒，喜著屐，故用阮孚事。其毛作筆，用之鈔書，故用惠施事。二事皆借人以詠物，初非猩猩毛筆事也。

茲舉數例以明之：

❶留滯終南下。惟當一史臣。（庾信奉報寄洛州）

按司馬遷自序云：『天子始建漢家之封，而太史公留滯周南。』括地志：『終南山，一名周南山。』倪璠云：『言今當平齊，正功臣建封之日，已爲洛州刺史，留滯周南，當一史臣也。』

❷美酒餘杭醉。芙蓉卽奉杯。（庾信和宇文京兆遊田）

按上句借用神仙傳中事：『王遠與麻姑飲蔡經家，須臾酒盡，以千錢與餘杭老姥，乞酤酒。』極言酒之醇美，有如麻姑之所飲者。

❸毻毛新鵠小。盤根古樹低。（庾信至老子廟應詔）

按下句借用神仙傳中事：『老子生而能言，指李樹曰：「以此爲我姓。」』倪璠云：『此云古樹，蓋老子廟中樹也。』

❹昔日東陵侯。惟有瓜園在。（庾信擬詠懷二十七首之二十四）

按三輔黃圖云：『長安城東出南頭第一門，曰霸城門，或曰青門。門外舊出佳瓜。廣陵人邵平，爲秦東陵侯，秦破，爲布衣，種瓜青門外。瓜美，故時人謂之「東陵瓜」。』乃借東陵侯自況。倪璠云：『言已本梁臣，今梁亡而留於長安。若東陵故侯也。』

❺新藤亂上格。春水漫吹沙。（庚信奉和趙王美人春日）

按幽明錄云：『句章人至東野還，暮，見路傍有小屋燈火，因投宿。有女子彈弦而歌曰：「連綿葛上藤，一綏復一絙。欲知我姓名，姓陳名阿登。」』倪璠云：『亦言美人與春花相若也。』

❻願陪仙鶴舉。洛浦聽笙簧。（庚信奉和夏日應令）

按列仙傳云：『王子喬，周靈王太子晉也。好吹笙，作鳳鳴，遊伊、洛間，道士浮丘公接上嵩山，二十餘年後，來於山上，告桓良曰：「告我家，七月七日，待我於緱氏山頭。」果乘白鶴駐山顛，望之不得到。舉手謝時人而去。』此借用其事，作者以俗人自喻。

❼王孫若不去。山中定可留。（庚信尋周處士弘讓）

按劉安招隱士云：『王孫遊兮不歸。』又云：『王孫兮歸來，山中兮不可以久留。』倪璠云：『王孫，喻周處士也。言其避世在山，誰可隱處也。』

❽朝露竟幾何。忽如水上萍。（江淹雜體詩三十首之七王侍中粲）

按此借用漢書：『李陵謂蘇武曰：「人生如朝露。」』及楚辭：『竊哀兮浮萍，汎濫兮無根。』極言生命之短暫。

❾寄書雲閒鴈。為我西北飛。（范彥龍贈張徐州稷一首）

按上句借用漢書所載雁足事：『帝思蘇武，使謂單于，天子射上林，中得鴈，足有係帛書。』謂托囑雲鴈，飛向徐州，傳相思之情。

❿籬下黃花菊。丘中白雪琴。（庚信贈周處士）

按前句借用陶公事。續晉陽秋云：『陶潛嘗九月九日，出宅邊菊叢中，坐久之，滿手把菊。王弘送酒至，即便就酌而歸。』又左思招隱詩云：『丘中有鳴琴。』宋玉對問云：『其爲陽春白雪。』二句均喻隱士也。

⑪忽聞泉石友。芝桂不防身。（庾信和王少保遙傷周處士）

按泉石乃喻周弘爲高士。又文選陸機歎逝賦云：『嗟芝焚而蕙歎。』晉書郄詵傳云：『臣舉賢良，對策爲天下第一，猶桂林一枝。』芝草，桂林均喻才華出衆的賢士。倪璠云：『芝桂不妨身者，言隱士死如芝草之焚，桂枝之落也。』

⑫還思建鄴水。終憶武昌魚。（庾信奉和永豐殿下言志十首之八）

按晉書五行志云：『吳孫皓初童謠曰：「寧飲建鄴水，不食武昌魚。寧還建鄴死，不止武昌居。」』倪璠云：『建鄴，梁武帝所都。武漢，漢之江夏鄂縣，吳曰武昌，梁屬郢州。本云「不食武昌魚」，今子山羈旅長安，建鄴，武昌，舊都舊國，皆可思也。又按：子山曾爲郢州別駕，與湘東王論水戰事，深爲梁主所賞。從建鄴至江陵，途之所經，故武昌爲可憶也。』

用典隸事，雖齊朝王儉首開風氣，習者衆多，但多屬明用其事，技巧尚未純熟，至梁末庾信時，方完全融會運用，不著痕迹，達到唯美文學中運典隸事的最高境界。

第四節　對偶精工

文字是語言的記號，有語言始有文字。中國語文乃單音節，一字一音一義。就文法言，它不因格位、數目、人稱、性別、時間等範疇而有語尾變化，僅以邏輯次序（logical order）表示格位與詞品，並借副詞、虛字、助詞、表示時間、動態及語氣，故具有純一的特性。

其次，中國文字在讀音上，是以音的高低、強弱、長短來區分聲調，有四聲卽有平仄，有平仄自然產生抑揚頓挫，且用單音連綴，製造新詞，有雙聲（如崎嶇連綿坎坷之類）、疊韻（如慷慨芳香撲朔之類）、疊字（如濛濛家家每每之類）、重義（如美妙輕柔快樂之類）、反義（如是非喜怒冷暖之類）、狹義的複合（如鳳凰魑魅蛟龍之類）、及廣義的複合（如原子筆霹靂彈之類）等，相互成文，彼此對屬，也增加了音韻的美感。

又中國文字始於象形、指事，字體以形爲主，再由拼合得會意與形聲，變化得轉注與假借，合稱六書，六書既備，各種文字雖萬變亦不離其宗，且字屬單音，具一義多字（如喜悅愉快高興皆可形容心情的開朗）、詞性無定（如親其親子其子一為動詞一為名詞全視在語句中的位置及任務而定）、一字一音的基本性格，故容易連綴爲簡潔整齊的辭句、形成上下句數相同，意義相稱的對偶。日本漢學家塩谷溫曾說：

> 中國語文單音而孤立之特性，其影響於文學上，使文章簡潔，便於作駢語，使音韻協暢。（中國文學概論〇陳彬龢譯）

此言可以證明中國文字極易產生律詩聯語等特殊文體，而與西洋拼音文學迥然有別。（參用吾師張仁青先生之說〇見駢文學第一章）

早在詩經時代，便已有了對偶，如『巧笑倩兮，美目盼兮。』（衛風碩人）『發彼小豝，殪此大兕。』（小雅吉日）楚辭中『舉世皆濁我獨清，衆人皆醉我獨醒。』（漁父）古詩十九首的『胡馬依北風，越鳥朝南枝。』（行行重行行）『青青河畔草，鬱鬱園中柳』（青青河畔草）等，都是偶然的創作，非刻意安排，使之相對者，惟自陸士衡開始，乃逐漸以人工的力量，使作品趨於整贍，其文賦云：『其會意也尚巧，其遣言也貴妍。』沈德潛說詩晬語評其詩云：『士衡舊推大家，然道贍自足，而絢綵無力，遂開排偶一家。』試觀其贈弟士龍詩：

> 行矣怨路長。惄焉傷別促。指途悲有餘。臨觴歎不足。我若西流水。子為東峙岳。
> 慷慨逝言感。徘徊居情育。安得携手俱。契闊成騑服。

對偶工整，幾乎全篇屬對，可見陸機實在是排偶的先驅者。

自此而後，辭采愈加華靡，對偶愈趨工整。至宋謝靈運、顏延之諸家，尤爲變本加厲，所謂『儷采百字之偶，爭價一句之奇。』（文心雕龍明詩篇）卽指此而言。因爲偶句不僅可以完成對比或對稱的多樣藝術效果，又能展示主題完整的獨立景象，加强生動的感受，故作品的華靡工整，較陸機尤有過之。（說詳今人廖蔚卿氏之從文學現象與文學思想的關係談六朝巧構形似之言的詩〇中外文學三卷七、八期）至齊永明諸子發明四八病之說，流風所扇，衆皆披靡，至蕭梁而臻於極盛，劉勰文心雕龍中並特標麗辭篇，以說明對偶自然而趨巧密，是質文代變的必然現象：

> 至於詩人偶章，大夫聯辭，奇偶適變，不勞經營。自揚馬張蔡，崇盛麗辭，如宋畫吳冶，刻形鏤法，麗句與深采並流，偶意共逸韻俱發。至魏晉羣才，析句彌密，聯字合趣，剖毫析釐。

並列舉四對，以爲言對爲易，事對爲難，反對爲優，正對爲劣，並舉例說明：

> 言對者，雙比空辭者也。事對者，並舉人驗者也。反對者，理殊趣合者也。正對者，事異義同

者也。長卿上林賦云：『修容乎禮園，翶翔乎書圃。』此言對之類也。宋玉神女賦云：『毛嬙鄣袂，不足程式，西施掩面，比之無色。』此事對之類也。仲宣登樓云：『鍾儀幽而楚奏，莊舄顯而越吟。』此反對之類也。孟陽七哀云：『漢祖想枌榆，光武思白水。』此正對之類也。凡偶辭胸臆，言對所以爲易也。徵人之學，事對所以爲難也。幽顯同志，反對所以爲優也。並貴共心，正對所以爲劣也。又以事對，各有反正，指類而求，萬條自昭然矣。

但文心所言，乃是分析對仗，即對仗原則，而非對仗的方法。其後藝事日精，方法愈衍愈多。唐上官儀有六對之說，皎然有八對之論，空海文鏡秘府論且增益爲二十九種，茲參酌吾師張仁青先生駢文學第四章第一節，臚列其重要者九種如次：

一　異類對

又名『異名對』、『平頭對』、『普通平對』，即不同類的物相對。如：

❶青荑結翠藻。黃鳥弄春飛。（王儉春詩）

❷花飛低不入。鳥散遠時來。（王融臨高臺）

❸遠聽雀聲聚。回期樹陰沓。（謝朓落日同何儀曹煦）

❹香風蕊上發。好鳥葉間鳴。（謝朓送江兵曹檀主簿朱孝廉還上國）

❺分花出黃鳥。挂石下新泉。（往虎窟山寺）

⑥迴月臨窗度。吟蟲繞砌鳴。（秋閨夜思）

⑦初霜隕細葉。秋風驅亂螢。（同　上）

⑧密葉鳥飛礙。風輕花落遲。（折楊柳）

⑨棹動芙蓉落。船移白鷺飛。（採蓮曲）

⑩庭深林彩豔。地寂鳥聲喧。（蒙預懺直疏詩）

⑪銜花落北戶。逐蝶上南枝。（雙燕離）

⑫浦狹村煙度。洲長歸鳥息。（龍丘引）

⑬白雲蒼梧去。丹鳳咸陽來。（漢高廟賽神○以上八首梁簡文帝作）

⑭晨禽爭學囀。朝花亂欲開。（梁武陵王紀曉色）

⑮輕絲動弱芰。微楫起單鳧。（釣　竿）

⑯園禽與時變。蘭根應節抽。（休沐寄懷）

⑰紫籜開綠篠。白鳥映青疇。（同　上）

⑱野馬不任騎。兔絲不任織。（詠鹿葱）

⑲千仞寫喬樹。百丈見遊鱗。（新安江至清淺深見底貽京邑遊好）

⑳思鳥聚寒蘆。蒼雲軫暮色。（詠雪應令○以上五首沈約作）

㉑疏山駕瀛碣。奔鯨吐華浪。（任昉奉和登景陽山）

㉒岸際樹難辨。雲中鳥易識。（王僧孺中川長望）

㉓夜鳥響嚶嚶。朝光照煜煜。（王僧孺春怨）

㉔山風起寒木。野雀亂秋榛。（柳惲奉和竟陵王經劉瓛墓下）

㉕落猿時動樹。墜雪暫搖花。（庾肩吾侍宴餞湘東王應令）

㉖馬鞭聊寫賦。竹葉暫傾杯。（庾肩吾奉和藥名詩）

㉗夕魚汀下戲。暮雨簷中息。（吳均送柳吳興竹亭集）

㉘寒鳥樹間響。落星川際浮。（何遜下方山）

㉙落花猶未捲。時鳥故餘聲。（何遜春暮喜晴酬袁戶曹苦雨）

㉚雜雨疑霰落。因風似蝶飛。（劉孝綽於座應令詠梨花）

二　無生物對

即無生命之物相屬對，如：

❶風光承露照。霧色點蘭暉。（王儉春詩）

❷風聞晚翻靄。月殿夜疑明。（徐孝嗣白雪歌）

❸林斷山更續。洲盡江復開。雲峯帝鄉起。水源桐柏來。（江皋曲）

❹霜氣下孟津。秋風度函谷。（古意）

⑤壁門涼月舉。珠殿秋風迴。（遊仙詩五首之三）

⑥池蓮照曉月。幔錦拂朝風。（春遊迴文詩〇以上四首王融作）

⑦清風動簾夜。孤月照窗時。（謝朓懷故人）

⑧茹谿發春水。阰山起朝日。（謝朓春思）

⑨白雲山上盡。清風松下歇。（張融別詩）

⑩朝日照綺窗。光風動紈羅。（子夜歌二首之二）

⑪懷情入夜月。含笑出朝雲。（秋歌四首之一）

⑫白露月下團。秋風枝上鮮。（七夕〇以上三首梁武帝作）

⑬晨風被庭槐。夜露傷階草。霧苦瑤池黑。霜凝丹墀皓。（昭明太子擬古）

⑭水照弄珠影。雲吐陽臺色。（龍丘引）

⑮風散同心草。月散可憐光。（倡婦怨情十二韵）

⑯冷風雜細雨。垂雲助麥涼。（和湘東王首夏）

⑰荻陰連水氣。山峯添月寒。（大同十年十月戊寅）

⑱浮雲出東嶺。落日下西江。（秋晚）

⑲綠潭倒雲氣。青山銜月規。（秋夜〇以上六首梁簡文帝作）

⑳松澗流星影。桂窗斜月暉。（船名詩）

㉑風輕不動葉。雨細未霑衣。（細　雨）

㉒日照池光淺。雲歸山望濃。（遊後園）

㉓日移花色異。風散水紋長。（晚景遊後園）

㉔水滿還侵岸。沙盡稍開流。（出江陵縣還二首之二〇以上五首梁元帝作）

㉕燕裙傍日開。趙帶隨風靡。（沈約洛陽道）

㉖雪縈九折嶝。風卷萬里波。（沈約從軍行）

㉗朝風吹錦帶。落日映珠袍。（古　意）

㉘淚逐東歸水。心挂西斜月。（忽不任愁聊示固遠）

㉙日華隨水汎。樹影逐風輕。（秋日愁居答孔主簿）

㉚夜風入寒水。晚露拂秋花。（寄何記室）

㉛空籠期懸石。回斜見危島。（至牛渚憶魏少英〇以上五首王僧孺作）

㉜平臺寒月色。池水愴風威。（張率詠霜）

㉝秋風動桂樹。流月搖輕陰。（柳惲長門怨）

㉞侵雲似天闕。照水類河宮。（亂後經夏禹廟）

㉟月起吾山北。星臨天漢中。（同　上）

㊱朝風凌日色。夜月奪燈光。（未央才人歌）

㊲映巖沈水底。激浪起雲邊。（奉和泛舟漢水往萬山應教）

㊳疎林不礙日。迵浦暫通潮。（蔬圃堂）

㊴姮娥隨月落。織女逐星移。（七夕〇以上五首庾肩吾作）

㊵白雲浮海際。明月落河濱。（吳均送呂外兵）

三 動物對

❶冬狐理豐毳。春蠶緒輕絲。（王融淨行詩十首之八）

❷花餘拂戲鳥。樹密隱鳴蟬。（王融後園作迴文詩）

❸獨鶴方朝唳。飢鼯此夜啼。（謝朓遊敬亭山）

❹魚戲新荷動。鳥散餘花落。（謝朓遊東田）

❺田鵠遠相叫。沙鴇忽爭飛。（謝朓休沐重還丹陽道中）

❻鵬鶡適大海。蜩鳩之桑柘。（顧歡臨終詩）

❼花塢蝶雙飛。柳隄鳥百舌。（梁武帝子夜四時春歌）

❽草螢飛夜戶。絲蟲繞秋壁。（楚妃歎）

❾翻階蛺蝶戀花情。容華飛燕相逢迎。（東飛伯勞二首之一）

❿丹山可愛有鳳凰。金門飛舞有鴛鴦。（鷄鳴篇）

⑪鰩魚顯嘉瑞。銅雀應豐年。（和藉田）
⑫荇間魚共樂。桃上鳥相窺。（春日想上林）
⑬水曲文魚聚。林暝鴉鳥飛。（晚　春）
⑭未驗周為蝶。安知人作魚。（十空六首之四如夢）
⑮花茂蝶爭飛。枝濃鳥相失。（奉答南平王康賚朱櫻）
⑯螢飛夜的的。蟲思夕嘤嘤。（秋　夜）
⑰飛梟初罷曲。啼鳥忽度行。（晚景出行）
⑱獨鵠罷中路。孤鸞死鏡前。（詠人棄妾○以上十一首梁簡文帝作）
⑲啼鳥怨別偶。曙鳥憶離家。（歌曲名詩）
⑳魚遊連北水。鵠作遼東鳴。（龜兆名詩）
㉑晨梟移去舸。飛燕動歸橈。（鳥名詩）
㉒遊魚迎浪上。雊雉向林飛。（出江陵縣還二首之一）
㉓連鷄隨火度。燧象帶烽然。（和王僧辯從軍○以上五首梁元帝作）
㉔遙裔發海鴻。連翻出簷燕。（沈約送別友人）
㉕噎噎螢入霧。離離鴈度雲。（沈約秋夜）
㉖綠草閑遊蜂。青葭集輕鵠。（至牛渚憶魏少英）

㉗雜聞百蟲思。偏傷一鳥聲。（與司馬治書同聞鄰婦夜織）

㉘戲魚兩相顧。遊鳥半藏雲。（春日寄鄉友）

㉙悲看蛺蝶粉。泣望蜘蛛絲。（春閨怨○以上四首王僧孺作）

㉚蜂歸憐蜜熟。燕入重巢乾。（庾肩吾和竹齋）

㉛飛鳧袖始拂。啼鳥曲未終。（庾肩吾詠舞）

㉜瑞木翻無鳥。祥花更少蜂。（庾肩吾奉使北徐州參丞御）

㉝簷端水禽息。窗上野螢飛。（吳均同柳吳興何山集送劉餘杭）

㉞朝作離蟬宇。暮成宿鳥園。（吳均詠柳）

㉟遊魚上急水。獨鳥赴行槎。（南還道中送贈劉諮議別）

㊱平川看鳥遠。水淺見魚驚。（與崔錄事別兼敍攜手）

㊲魚遊若擁劍。猿掛似懸瓜。（渡連圻二首之二）

㊳虎落夜方寢。魚麗曉復前。（學古三首之一○以上四首何遜作）

㊴御鶴翔伊水。策馬出王田。（劉孝綽奉和昭明太子鍾山解講）

㊵戲鳥波中蕩。游魚菱下出。（陸罩採菱曲）

四 植物對

❶幕歷女蘿草。蔓衍旁松枝。（王融詠女蘿）

❷風振蕉薘裂。霜下梧楸傷。（謝朓秋夜講解）

❸花枝聚如雪。蕪絲散猶網。（謝朓別江水曹）

❹葉軟風易出。草密路難披。（梁武帝首夏泛天池）

❺別前秋葉落。別後春花芳。（昭明太子有所思）

❻北有歲寒松。南臨女貞樹。（貞女引）

❼林花初墮蔕。池荷欲吐心。（上巳侍宴林光殿曲水）

❽柳葉帶風轉。桃花含雨開。（侍遊新亭應令）

❾新梅含未發。落桂聚還翻。（蒙預懺直疏詩）

❿岸柳垂長葉。窗桃落細跗。（晚日後堂）

⓫玲瓏繞竹澗。間關通槿藩。（山　齋）

⓬萎甤映庭樹。枝葉凌秋芳。（詠橘○以上七首梁簡文帝作）

⓭垂楊拂砌塵。柳絮飄晴雪。（梁元帝登江州百花亭懷荊楚）

⓮葉濃知柳密。花盡覺梅疏。（梁元帝望春詩）

⓯接葉有多種。開花無異色。（梁宣帝百合）

⓰雷鳴山中草。雲煦江上花。（江淹當春四韵同□左丞）

⓱既卷蕉梧葉。復傾葵藿根。（任昉苦熱）

⓲幾銷蘼蕪葉。空落蒲桃花。（王僧孺鼓瑟曲有所思）

⓳風生竹籟響。雲垂草綠饒。（張率楚王吟）

⓴芳草生未積。春花落如霰。（柳惲獨不見）

㉑山風起寒木。野雀亂秋榛。（柳惲奉和竟陵王經劉瓛墓下）

㉒野竹交臨浦。山桐迥出城。（庾肩吾山池應令）

㉓桂叢方偃蹇。芝葉正玲瓏。（庾肩吾芝草）

㉔露染蘼蕪葉。日照苑蘭枝。（吳均贈搖郎）

㉕樹青草未落。蟬涼葉已危。（吳均秋念）

㉖綠竹可充食。女蘿可代裙。（吳均山中雜詩三首之二）

㉗飛蜨弄晚花。清池映疎竹。（何遜答高博士）

㉘游魚亂水葉。輕燕逐風花。（何遜贈王左丞）

㉙竹臺歸欲礙。花林出未通。（何遜正釵聯句）

㉚蘂蘭已飛蝶。楊柳半藏鴉。（王筠春遊）

㉛竹萌始防露。桂挺已含芳。（劉孝綽餞張惠紹應令）

㉜開軒臨芰荷。方塘交密篠。（劉孝綽陪徐僕射晚宴）

㉝參差雜荇枝。田田競荷密。（陸罩採菱曲）

㉞柏葉生鬟內。桃花出髻心。（劉瑗在縣中庭看月）

㉟芙蓉池畔涵停影。桃花水脈引行光。（劉孝威禊飲嘉樂殿詠曲水中燭影）

㊱枯楊猶更綠。臥柳尚還生。（劉孝威枯葉竹）

㊲洞戶臨松徑。虛窗隱竹叢。（劉孝先和亡名法師秋夜草堂寺禪房月下）

㊳河柳低未舉。上桃落已芬。（劉苞望夕雨）

㊴卷荷舒欲倚。芙蓉生即紅。（劉緩江南可採蓮）

㊵樵螟動蘭室。神飆起桂叢。（劉緩奉和玄圃納涼）

五色彩對

❶朱霞拂綺樹。白雲照金楹。（王融遊仙詩五首之四）

❷赤如城霞起。青如松霧澈。黑如幽都雲。白如瑤池雪。（王融四色詠）

❸紅塵朝夜合。黃沙萬里昏。（謝朓隨王鼓吹曲十首之七從戎曲）

❹餘雪映青山。寒霧開白日。（謝朓高齋視事）

❺白日清明。青雲遼亮。（袁彖贈庾易）

❻飛華瑶翠幄。揚芬金碧杯。（丘巨源聽鄰妓）

❼襲烏黃山下。投佩朱路岐。（陸慧曉遊仙詩）

❽紫藤拂花樹。黃鳥度青枝。（虞炎玉階怨）

❾朱日光素冰。黃花映白雪。（梁武帝子夜四時歌春歌）

❿碧玉奉金杯。綠酒助花色。（梁武帝碧玉歌）

⓫紫蘭葉初滿。黃鶯弄始稀。（昭明太子晚春）

⓬幸有青袍色。聊因翠幄凋。（樹中草）

⓭栖神紫臺上。縱意白雲邊。（往虎窟山寺）

⓮青書長命籙。紫水芙蓉衣。（仙　客）

⓯漢渚水初綠。江南草復黃。（從頓暫還城）

⓰白雲蒼梧去。丹鳳咸陽來。（漢高廟賽神）

⓱翠竹垂秋采。丹棗映疎砧。（納　涼）

⓲長樂含初紫。安榴折晚紅。（大同十年十月戊寅○以上七首梁簡文帝作）

⓳霞出浦流紅。苔生岸泉綠。（梁元帝示吏民）

⓴池紅早花落。水綠晚苔生。（梁元帝納涼）

㉑碧苔終不落。丹字本難傳。(南鄉侯推賦得翠石應令)

㉒齊童躡朱履。趙女揚翠翰。(登高望春)

㉓天倪臨紫闕。地道通丹竅。(遊金華山)

㉔紫擇開綠篠。白鳥映青疇。(休沐寄懷)

㉕翠菭已結洧。碧水復盈淇。(春　思)

㉖弱草半抽黃。輕條未全綠。(傷　春)

㉗青玉冠西海。碧石彌外區。(麥　李)

㉘綠葉迎露滋。朱苞待霜潤。(園橘○以上七首沈約作)

㉙丹葩曜芳蕤。綠竹陰閑敞。(雜體三十首許徵君詢自敍)

㉚紅草涵電色。綠樹鑠煙光。(還故園)

㉛幽冀生碧草。沅湘含翠煙。(貽袁常侍)

㉜黛葉鑑深水。丹華香碧煙。(悼人詩十首之三)

㉝水夕朝波黑。日暮精氣紅。(赤亭渚○以上五首江淹作)

㉞綠蘋騁春日。碧渚澹時風。(范雲四色詩五首之二)

㉟青絲控燕馬。紫艾飾吳刀。(古　意)

㊱白蘋徒可望。綠芷竟空滋。(湘夫人)

㊲綠草閑遊蜂。青葭集輕鷁。（至牛渚憶魏少英）

㊳雪罷枝卽青。冰開水復綠。（春思○以上四首王僧孺作）

㊴山桃落晚紅。野蕨開初紫。（贈吳均二首之一）

㊵綠荷生綺葉。丹藤上細苗。（從皇太子出玄圃應令）

㊶梨紅大谷晚。桂白小山秋。（尋周處士弘讓）

㊷黃金九華發。紫蓋六英通。（芝　草）

㊸秋樹翻黃葉。寒池墮黑蓮。（侍　宴）

㊹籬下黃花橘。丘中白雪琴。（贈周處士）

㊺旆轉黃山路。舟纜白馬津。（新林送劉之遴）

㊻行塘朱鷺響。當道赤帷開。（奉和藥名詩）

㊼山沈黃霧裏。地盡黑雲中。（登城北望○以上九首庾肩吾作）

㊽白雲光彩麗。青松意氣多。（吳均迎柳吳興道中）

㊾柳黃未吐葉。水綠半含苔。（何遜邊城思）

㊿荷陰斜合翠。蓮影對分紅。（徐朏夏詩）

六　數字對

❶萬戶如不殊。千門反相似。（望城竹）

❷明心弘十力。寂慮安四禪。（法樂辭十二首之五出國）

❸四氏不為侶。三界豈能渝。（淨竹詩十首之三）

❹四瀛良在目。八寓婉如見。（侍遊方山應詔○以上四首王融作）

❺帝圖開九有。皇風浮四溟。（永明樂十首之一）

❻四時從偃息。三省無侵冒。（忝役湘州與宣城吏民別）

❼既微三載道。庶藉兩歧詠。（賦貧民田）

❽遠山翠百重。迴流映千丈。（與江水曹至干濱戲）

❾飛蛾再三繞。輕花四五重。（雜詠三首之二○以上五首謝朓作）

❿二旬倏已滿。三千眇未央。（孔稚圭旦發青林）

⓫白日三重隔。黃金九層路。（袁彖遊仙詩）

⓬七采紫金柱。九華白玉梁。（梁武帝子夜四時秋歌）

⓭一年漏將盡。萬里人未歸。（梁武帝子夜四時冬歌）

⓮還作三洲曲。誰念九原泉。（昭明太子詠彈箏人）

⓯遙瞻十里陌。傍望九城台。（侍遊新亭應令）

⓰三春澧蒲葉。九月洞庭枝。（贈張纘）

⑰ 兩杜昔夾河。二龍今出守。（餞臨海太守劉孝儀蜀郡太守劉孝勝）

⑱ 高翔五岳小。低望九河微。（仙客）

⑲ 俱銷五道縛。共蕩四生怨。三脩祛愛馬。六念靜心猿。（蒙預懺直疏詩）

⑳ 八泉光綺樹。四柱曖臨空。（遊光宅寺詩應令）

㉑ 後挂七龍網。前發四珠光。（十空六首之六鏡象）

㉒ 六安雙瑇瑁。八幅兩鴛鴦。（倡婦怨情十二韵）

㉓ 逍遙臨四注。兼持散九愁。（喜疾瘳）

㉔ 任俠稱六輔。輕薄出三河。（西齋行馬）

㉕ 英邁八解心。高超七花意。（侍講詩○以上十一首梁簡文帝作）

㉖ 五里浮長隰。三晨暗遠天。（梁元帝詠霧）

㉗ 水長二江急。雲生三峽昏。（梁元帝獄中連句）

㉘ 雪縈九折嶝。風卷萬里波。（從軍行）

㉙ 淹留訪五藥。顧步佇三芝。（游鍾山詩應西陽王教）

㉚ 水流本三派。臺高乃四臨。（登玄暢樓）

㉛ 眷言採三秀。徘徊望九仙。（早發定山）

㉜ 銳意三山上。托慕九霄中。（遊沈道士館）

㉝臥待三芝秀。坐對百神朝。（華陽先生登樓不復下贈呈）

㉞九重迎飛燕。萬里送翔螭。（和王中書德充詠白雲）

㉟六龍旣驚軫。二鼠復馳光。（四城門）

㊱或歌四五曲。或弄兩三弦。（六憶詩四首之二〇以上九首沈約作）

㊲秋風兩鄉怨。秋月千萬分。（范雲送沈記室夜別）

㊳南中有八樹。繁華無四時。（范雲詠桂樹）

㊴三楓何習習。五渡何悠悠。（范雲酬修仁水賦詩）

㊵綿綿九軌合。昭昭四區明。（丘遲望雪）

㊶獻君千里笑。紓我百憂嚬。（任昉答到建安餉杖）

㊷九路平如掌。千門洞已開。（登高臺）

㊸五曹均趨奏。六尚等便煩。（贈顧倉曹）

㊹誰復三乘睫。獨念九飛魂。（同　上）

㊺寶琴徒七弦。蘭燈空百枝。（何生姬人有怨）

㊻二八人如花。三五月如鏡。（月夜詠陳南康新有所納〇以上四首王僧孺作）

㊼百拱橫笻節。千櫨跨篻竿。（庾肩吾和竹齋）

㊽黃金九華發。紫蓋六英通。（庾肩吾芝草）

㊾誓師屠六郡。登城望九㚇。（庾肩吾登城北望）

㊿自有五都相。非無四世公。（吳均贈王桂陽別三首之一）

七　聯綿對

將疊字運用於儷句中，稱為聯綿對或聯珠對。如：

❶春盡風颯颯。蘭凋木脩脩。（王融思公子）

❷遠樹曖阡阡。生煙紛漠漠。（謝朓遊東田）

❸衰柳尚沈沈。凝露方泥泥。（謝朓始出尚書省）

❹蕭蕭叢竹映。澹澹平湖淨。（顧則心望廨前水行）

❺飛飛雙蛺蝶。低低兩差池。（梁武帝古意二首之一）

❻霏霏慶雲動。靡靡祥風吹。（昭明太子和武帝遊鍾山大愛敬寺）

❼望望判知是。翩翩識行步。（半路溪）

❽幽閨情脈脈。漏長宵寂寂。（代樂府三首之一楚妃歎）

❾離離細磧淨。藹藹樹陰疎。（玩漢水）

❿春燕雙雙舞。春心處處揚。（戲作謝惠連體十三韵）

⓫螢飛夜的的。蟲思夕喓喓。（秋　夜）

⑫白英紛靡靡。紫實標離離。（賦柬）
⑬綠葉朝朝黃。紅顏日日異。（寒閨）
⑭團團出天外。煜煜上層峯。（詠朝日）
⑮眇眇隨山沒。離離傍海飛。（詠寒鳧○以上九首梁簡文帝作）
⑯曈曈螢入霧。離離鴈度雲。（沈約秋夜）
⑰叢枝上點點。崩溜下填填。（丘遲敬酬柳僕射征怨）
⑱綿綿九軌合。昭昭四區明。（丘遲望雪）
⑱森森荒樹齊。析析寒沙漲。（丘遲旦發漁浦潭）
⑲軫軫河梁上。紛紛渭橋下。（落日登高）
⑳藹藹夜庭廣。飄飄曉帳輕。（與司馬治書同聞鄰婦夜織）
㉑皎皎無片非。的的一皆是。（爲人述夢）
㉒飄飄曉雲駛。瀁瀁旦潮平。（送殷何兩記室）
㉓迴持昔慊慊。變作今悠悠。（爲姬人自傷○以上五首王僧孺作）
㉔颯颯避霜葉。離離山塞禽。（柳惲贈吳均二首之二）
㉕望望江山阻。悠悠道路長。（有所思）
㉖春生露泥泥。天覆雲油油。（三日侍蘭亭曲水宴）

㉗行曦上杳杳。結霧下溶溶。（賦得山）

㉘夜夜同巢宿。朝朝相對飛。（和晉安王詠燕○以上四首庾肩吾作）

㉙團團珠暉轉。炤炤漢陰移。（吳均秋念）

㉚練練波中月。亭亭雲上枝。（吳均遙贈周承）

㉛飄飄上碧虛。藹藹隱青林。（吳均詠雲二首之一）

㉜蕭蕭蘩竹映。澹澹平湖淨。（望廨前水竹答崔錄事）

㉝的的帆向浦。團團月隱洲。（日夕望江山贈魚司馬）

㉞邐邐山蔽日。洶洶浪隱舟。（送韋司馬別）

㉟蒼蒼極浦潮。杳杳長洲夕。（和劉諮議守風）

㊱擾擾排曙扉。鱗鱗驅早駕。（臨行公車）

㊲曀曀風愈靜。曈曈日漸旰。（苦熱○以上六首何遜作）

㊳滴滴雨鳴階。愔愔茲夜靜。（蕭子雲寒夜直坊憶袁三公）

㊴嫋嫋秋聲。習習春吹。（劉孝綽詠風）

㊵赫赫重光。明明二帝。（劉孝威重光詩）

八　音韻對

❶玲瓏類丹檻。苕亭似元闕。（謝朓雜詠三首之一鏡臺）

❷想像屠鈞。跔蹰板築。（梁武帝逸民）

❸詰屈登馬嶺。迴互入羊腸。（梁昭明太子開善寺法會）

❹玲瓏繞行澗。間關通槿藩。（山　齋）

❺潭沱青帷閉。玲瓏朱扇開。（和湘東王陽雲樓簷柳）

❻晚風飄颻來。落照參差好。（大同九年秋九月）

❼參差大戾發。搖曳小垂手。（執筆戲書○以上四首梁簡文帝作）

❽旌旗散容裔。蕭管吹參差。（謝朓泛水曲）

❾旅客長憔悴。春物自芳菲。（何遜贈諸遊舊）

以上爲雙聲相對。

❿悵望心已極。惝怳魂屢遷。（謝朓宣城郡內登望）

⓫徘徊發紅蕚。葳蕤動綠葹。（謝朓詠風）

⓬葉生旣婀娜。葉落更扶疎。（謝朓遊東堂詠桐）

⓭繾綣故舊。綢繆宿昔。（梁武帝逸民）

⓮稜層疊障遠。迤邐隥道懸。（梁武帝遊鐘山大愛敬寺）

⓯影斜鞭照耀。塵起足蹉跎。（梁簡文帝西齋行馬）

⑯古樹横臨沼。新藤上挂樓。（梁簡文帝山池）

⑰影前光照耀。香裏蝶徘徊。（梁簡文帝詠芙蓉）

⑱氛氳鳷鵲石。照耀望仙東。（沈約歲暮愍衰草）

⑲嬋娟入綺窗。徘徊鶩情極。（沈約詠雪應令）

⑳浸淫泉懷浦。泛濫雲辭山。（江淹應劉豫章別）

㉑散漫輕烟轉。霏微商雲散。（王僧孺侍宴）

㉒徘徊洞初月。浸淫潰春潦。（王僧孺至牛渚憶魏少英）

㉓年光正婉娩。春樹轉丰茸。（庾肩吾奉使北徐州參丞御）

㉔聯翩騕赤兔。窈窕駕青驪。（吳均贈柳眞陽）

㉕百年逢繾綣。千里遇殷勤。（吳均贈周興嗣四首之一）

㉖氛氳揉芳條。連綿交密枝。（吳均夾樹）

㉗已如臃腫木。復以飄颻蓬。（夜夢故人）

㉘城霞旦晃朗。槐霧曉氛氳。（九日侍宴樂遊苑）

㉙從容捨密勿。繾綣論襟趣。（答丘長史）

㉚蕭條疾帆流。磈礧衡波白。（和劉諮議守風○以上四首何遜作）

㉛逶迤飛塵唱。宛轉繞梁聲。（范靜妻沈氏當壚曲）

㉜朣朧引光輝。晻曖映容質。（虞炎詠簾）

以上爲疊韵相對。

㉝凝葭鬱摧愴。清管乍聯綿。（王融從武帝瑯邪城講武應詔）

按摧愴爲雙聲。聯綿爲疊韵。

㉞潺湲石溜寫。綿蠻山雨聞。（王融移席琴室應司徒教）

按潺湲爲疊韵。綿蠻爲雙聲。

㉟朱騏步躑躅。玄鶴舞蹉跎。（王融明王曲）

按躑躅爲雙聲。蹉跎爲疊韵。

㊱疎散謝公卿。蕭條依掾史。（始之宣城郡）

按疎散爲雙聲。蕭條爲疊韵。

㊲玲瓏結綺錢。深沈映朱網。（直中書省）

按玲瓏爲雙聲。深沈爲疊韵。

㊳蒼翠望寒山。崢嶸瞰平陸。（冬日晚郡事隙）

按蒼翠爲雙聲。崢嶸爲疊韵。

㊴徘徊戀京邑。躑躅躧曾阿。（將發石頭上烽火樓）

按徘徊爲疊韵。躑躅爲雙聲。

40 參差複殿影。氛氳綺羅雜。（落日同何儀曹煦）
按參差爲雙聲。氛氳爲疊韵。
41 逶迤帶綠水。迢遞起朱樓。（隨王鼓吹曲十首之四〇以上六首謝脁作）
按逶迤爲疊韵。迢遞爲雙聲。
42 飛鳥發差池。出雲去連綿。（梁武帝遊鐘山大愛敬寺）
按差池爲雙聲。連綿爲疊韵。
43 迢遞覩千室。迤邐覩萬頃。（梁昭明太子鐘山解講）
按迢遞爲雙聲。迤邐爲疊韵。
44 輕舞信徘徊。前歌且遙衍。（沈約從齊武帝瑯邪城講武應詔）
按徘徊爲疊韵。遙衍爲雙聲。
45 風動露滴瀝。月影照參差。（沈約籊前竹）
按滴瀝爲疊韵。參差爲雙聲。
46 綠幘文照耀。紫燕光陸離。（沈約三月三日率爾成章）
按照耀爲疊韵。陸離爲雙聲。
47 發溜始參差。扶階方沃若。（丘遲玉階春草）
按參差爲雙聲。沃若爲疊韵。

㊽殷勤盡日華。留連窮景黑。（吳均贈任黃門二首之二）

按殷勤爲叠韵。留連爲雙聲。

㊾不道參差菜。誰論窈窕淑。（吳均詠少年）

按參差為雙聲。窈窕為叠韵。

㊿懸崖抱奇崛。絕壁駕崚嶒。（何遜渡連圻二首之一）

按奇崛爲雙聲。崚嶒爲叠韵。

以上爲雙聲叠韵錯綜相對。

九　方向對

❶訪宇北山阿。卜居西野外。（齊竟陵王子良行宅）

❷長風吹北隴。迅瀑急東瀛。（王融法樂辭十二首之五）

❸枝分柳塞北。葉暗榆關東。（王融春遊廻文詩）

❹北梁辭歡宴。南浦送佳人。（隨王鼓吹曲十首之八送遠曲）

❺北馳星斗正。南望朝雲色。（答張齊興）

❻江路西南永。歸流東北騖。（之宣城郡出新林浦向板橋）

❼悵望南浦時。徙倚北梁步。（臨溪送別○以上四首謝朓作）

❽浮雲西北起。孔雀東南飛。（詠中婦織流黃）

⑨來從東海上。發自南山陽。（霹靂引）

⑩銜花落北戶。逐蝶上南枝。（雙燕離）

⑪北有歲寒松。南臨女貞樹。（貞女引）

⑫北棠下飛桂。南柯吟夜猿。（山　齋）

⑬空聞北窗彈。未舉西園觴。（望月○以上六首梁簡文帝作）

⑭叢枝臨北閣。灌木隱南軒。（芳　樹）

⑮西接長楸道。南望小平津。（長安道）

⑯猶懸北窗幌。未捲南軒帷。（登顏園故閣）

⑰鬬鶴東道上。走馬北場邊。（宮殿名詩）

⑱東方曉星沒。西方晚日斜。（歌曲名詩）

⑲日斜下北閣。高宴出南榮。（和林下作妓應令○以上六首梁元帝作）

⑳東枝纔拂景。西壑已停輈。（沈約東武吟行）

㉑危峯帶北阜。高頂出南岑。（沈約登玄暢樓）

㉒艾葉彌南浦。荷花遶北樓。（沈約休沐寄懷）

㉓北地三變露。南簷再逢霜。（江淹還故園）

㉔孤雲出北山。宿鳥驚東林。（江淹效阮公詩十五首之一）

㉕明瑄東南逝。精絲西北臨。(江淹清思詩五首之一)

㉖逸翮凌北海。摶飛出南皮。(范雲古意贈王中書)

㉗南望銅駝街。北走長楸埒。(任昉奉和登景陽山)

㉘東北指青門。西南見白社。(王僧孺落日登高)

㉙淚逐東歸水。心挂西斜月。(王僧孺忽不任愁聊示固遠)

㉚來從西北道。去逐東南隅。(庾肩吾以妾換馬)

㉛皇明執東曜。帝宸居北辰。(庾肩吾和太子重雲殿受戒)

㉜試取西山藥。來觀東海田。(庾肩吾道館)

㉝西山採藥至。東都謝病歸。(吳均王侍中夜集)

㉞北州少知舊。南陽寡相識。(吳均初至壽春作)

㉟青松蔽南隴。白雲生北園。(吳均贈周興嗣四首之四)

㊱招搖顧西落。烏鵲向東飛。(王筠秋夜二首之一)

㊲飛飈煥南陸。炎津通北瀨。(王筠苦暑)

㊳北斗行欲沒。東方稍已晞。(王筠向曉閨情)

㊴走狗通西望。牽牛亘南直。(擬輕薄篇)

㊵谿北映初星。橋南望行炬。(下直出谿邊望答虞丹徒敬)

㊶予起南枝怨。子結北風愁。（送韋司馬別）

㊷獨好西山勇。思為北地雄。（學古三首之三）

㊸蓬車響北闕。鄭履入南宮。（早朝車中聽望）

㊹復如東注水。未有西歸日。（臨行與故遊夜別○以上六首何遜作）

㊺晚流稍東急。暝景促西暉。（蕭子範東亭極望）

㊻玉羊東北上。金虎西南昃。（望月有所思）

㊼詔樂臨東序。時駕出西園。（和昭明太子鍾山解講）

㊽掖門南北遠。複道東西長。（行還值雨又爲清道所駐）

㊾昔為北方將。今為南面孤。（結客少年場行○以上四首劉孝威作）

㊿逐伴西蠶路。相攜東陌頭。（劉遵萬山見採桑人）

第四章　齊梁詩的藝術成就（下）

第一節　概　論

我國唯美文學的發軔，並不始於六朝。早在詩經時代已有如國風之類里巷歌謠的純文學作品，只因其後儒學獨尊，敎化大行，十五國風亦披上了濃厚的倫理色彩，建安以降，方才獲得獨立生機，擺脫了傳統載道觀念的束縛，今儒成楚望先生在詩品與鍾嶸一文中有極扼要的指陳：

南朝是一個變亂紛乘，人命微賤的時代，也是純文學高度發展的黃金時代。當時文人爲了苟全性命，都爭先恐後地鑽進了文學的象牙之塔，其逃避現實的心理，與名士之沈湎淸談，隱士之養志田園，如出一轍。按理，國家的內憂外患，同胞的悲啼血淚，都是文學創作的大好題材，而南朝文士對這些似乎都視若無睹，在他們筆下出現的，不是田園山水，就是玄理神仙，再不然就是醇酒美人，這種種祥和安樂的幻景背後，實際上隱藏著一幢幢萎縮的靈魂。有人說文學是苦悶的象徵，就南朝文學而言，這眞是最好不過的解釋了。在這種環境下，漢魏文學那種古樸雅正、文質並重的作風，無疑要日趨沒落，而藝術至上的唯美主義自然要日漸擡。太康的駢偶對仗，元嘉的雕琢隸事，以至齊梁的宮商聲病，一波波高潮，把藝術技巧推展到了巔峯。蓋六朝文學的獨立生命與藝術價值，往往表現於外在形式或技巧上，一篇作品，只需音韻鏗鏘，辭采紛披，卽達成文學使命，並無經世致用的要求。而昔人論文，又多主張以神韻情理爲首要，章句修辭爲末節，南朝文學旣是以個人主義的浪漫思潮爲依歸，自然在內容與外形上大費周章，本章所討論的卽是齊梁詩中常見的修辭方法，除前章論述之辭藻、聲律、用典、對偶四者外，尚有十二種修辭法，足供後人參鏡者，下節當分別列舉並略加說明之。

第二節　齊梁詩的修辭方法

修辭是以最適當之文辭，置諸最適當的地位，使作者的思想、感情、想像能深刻印入讀者的腦海，而無晦澀疑似之虞。（見金兆梓實用國文修辭學導言）文學的神理情韻雖是骨髓，但它的形貌却必須依附字句，故近儒黃季剛先生曾說：

凡爲文辭，未有不辨章句而能工者也。（文心雕龍札記）

又說：

若夫文章之事，固非一憭章句而卽能工巧，然而捨棄章句，亦更無趨于工巧之途，規矩以馭方

員，雖刻琱衆形，未有遯于規矩之外者也。（同　上）

由此可知鍛鍊字句的重要。而齊梁文人對此又特別重視，曾投注大量心血，今摯其要者，分列於後：

一　回　文

回文也常作迴文，原屬文字遊戲之一，它是以相同詞彙，將詞序顛倒，使首尾產生迴環往復的情趣，形成清新悅目的修辭法。如：

❶唯旦唯公。唯公唯旦。（王融贈族叔衞軍）

❷非君不見思。所悲思不見。（謝朓別王丞僧孺）

❸昔去雪如花。今來花似雪。（范雲范廣州宅聯句）

❹故人雖故昔經新。新人雖新復應故。（梁簡文帝和蕭侍中子顯春別四首之二）

❺塩飛亂蝶舞。花落飄粉匳。匳粉飄落花。舞蝶亂飛塩。（簡文帝詠雪）

❻枝分柳塞北。葉暗榆關東。垂條逐絮轉。落蕊散花叢。池蓮照曉月。幔錦拂朝風。低吹雜綸羽。薄粉豔妝紅。離情隔遠道。歎結深閨中。（王融春遊回文詩）

回文詩有廣狹之分，廣義的回文詩，只須詞句回環，不必往復成句，上舉前四則屬於此格。狹義的回文詩則詩中字句，回復往復，讀之無不可通者，如上舉梁簡文帝的詠雪及王融春遊詩即是。其他如：

❶所知共歌笑。誰忍別笑歌。（王融餞謝文學離夜）
❷故人心尚爾。故心人不見。（謝朓和王主簿季哲怨情）
❸新葉初冉冉。初蕊新霏霏。（謝朓詠落梅）
❹鳴琴當春夜。春夜當鳴琴。（張融憂旦吟）
❺斜峰繞徑曲。聳石帶山連。花餘拂戲鳥。樹密隱鳴蟬。（梁元帝後園作迴文詩）
❻不聞離人當重合。惟悲合罷會成離。（梁元帝春別應令四首之二）
❼自從異縣同心別。偏恨同時成異節。（梁元帝燕歌行）
❽旅遊媚年春。年春媚遊人。（沈約悲哉行）
❾同鄉不異縣。異縣不應隔，同鄉更脈脈。（王僧儒爲人傷近而不見）
❿苦極降歸樂。樂極苦還生。（劉孝綽賦詠百論捨罪福詩）
⓫曾經新代故。那惡故迎新。（徐陵走筆戲書應令）

二　頂　眞

頂眞前人亦稱爲聯綿或蟬聯句法，即在古詩中，以上一句的結尾，做爲下一句的開頭，字面重疊，前後頂接，使語氣相互銜接，略不間斷，不但增加詩句的氣勢，讓句意緊湊有力，且收璧合珠聯，雲湧波翻之效。玆舉齊梁詩人作品於下：

❶受策以出。出入勤王。（贈族叔衛軍）

❷容容寒煙起。翹翹期行子。行子殊未歸。寤寐君容輝。（青青河畔草）

❸秋夜長。夜長樂未央。（奉和秋夜長○以上三首王融作）

❹卽趣佳可淹。淹流非下秩。（還塗臨渚）

❺願子淹桂舟。時同千里路。千里旣相許。桂舟復容與。（江上曲）

❻綠草蔓如絲。雜樹紅英發。無論君不歸。君歸芳已歇。（王孫遊）

❼滄波不可期。期極與天平。（和劉西曹望海詩○以上四首謝朓作）

❽鳴琴當春夜。春夜當鳴琴。（張融憂旦吟）

❾如壟生木。木有異心。（逸民）

❿如林鳴鳥。鳥有殊音。（同上）

⓫如江游魚。魚有浮沈。（同上）

⓬低低兩差池。差池低復起。（古意二首之二）

⓭綠樹始搖芳。芳生非一葉。一葉度春風。芳華自相接。雜色亂參差。衆花紛重疊。重疊不可思。思此誰人愜。（芳樹）

⓮洛陽有曲陌。曲陌不通驛。（擬長安有狹邪行）

⓯圓魄當虛闥。清光流思筵。筵思照孤影。悽怨還自憐。（擬明月照高樓）

⑯髣髴洛陽道。道遠難別識。玉階故情人。情來共相憶。（臨高臺○以上六首梁武帝作）

⑰因以泥黑。猶麻違正。違仁則勃。弘道斯盛。（昭明太子示徐州弟）

⑱可憐枝上花。早得春風意。春風復有情。拂幔且開楹。開楹開碧煙。拂幔拂垂蓮。（戲作謝惠連體十三韻）

⑲遍使紅花散。飄颺落眼前。眼前多無況。參差鬱可望。（同　上）

⑳桃花紅若點。柳葉亂如絲。絲條轉暮光。影落暮陰長。（同　上）

㉑道逢雙總丱。扶輪問我居。我居青門北。可憶復易尋。（長安有狹斜行）

㉒關山遠可渡。遠渡復難思。（度關山）

㉓水紋城上動。城樓水中出。（開霽）

㉔琴間玉徽調別鶴。別鶴千里別離聲。（傷離新體）

㉕可嘆不可思。可思不可見。（有所思三首之一）

㉖三春灃浦葉。九月洞庭枝。洞庭枝嫋娜。灃浦葉參差。（贈張纘○以上七首梁簡文帝作）

㉗池中種蒲葉。葉影蔭池濱。（梁元帝賦得蒲生我池中）

㉘宿莖抽晚幹。新葉生故枝。故枝雖遠遠。新葉頗離離。（八詠詩霜來悲落桐）

㉙開燕裙。吹趙帶。趙帶飛參差。燕裙合且離。（八詠詩會圃臨春風）

㉚臨春風。春風起春樹。（同　上）

㉛迴簷復轉黛。顧步惜容儀。容儀已炤灼，春風復迴薄。（同　上）

㉜曲房開兮金鋪響。金鋪響兮妾思驚。（同　上）

㉝往秋雖一照。一照復還塵。塵生不復拂。蓬首對河津。（織女贈牽牛）

㉞愍衰草。衰草無容色。（八詠詩歲暮愍衰草）

㉟逕荒寒草合。草長荒逕微。（同　上）

㊱望秋月。秋月光如練。照耀三爵臺。徘徊九華殿。九華瑇瑁梁。華榱與壁璫。（八詠詩登臺望秋月）

㊲漠漠牀上塵。心中憶故人。故人不可憶。中夜長歎息。歎息想容儀。不言長別離。別離稍已久。
空牀寄杯酒。（擬青青河略草）

㊳引思為歲。歲亦陽止。叨服貴身。身亦昌止。（三日侍鳳光殿曲水宴應制）

㊴月華臨靜夜。夜靜滅氛埃。（應王中丞思遠詠月）

㊵秋風西北起。飄我過城闕。城闕已參差。白雲復離離。（和王中書德充詠白雲）

㊶山河隔長路。路長絕容儀。（效古）

㊷心從朋好盡。形為歡宴留。歡宴未終畢。零落委山丘。（懷舊詩九首傷王諶）

㊸春隰荑綠柳。寒墀積皓雪。依依往紀盈。霏霏來思結。思結纏歲晏。曾是掩初節。初節曾不掩。
浮榮逐弦缺。（長歌行）

㊹旅遊媚年春。年春媚遊人。（悲哉行）

45 悲落桐。落桐早霜露。（八詠詩霜來悲落桐）

46 勿言草木賤。徒照君末光。末光不徒照。為君含噭咷。（同　上）

47 聽曉鴻。曉鴻度將旦。（八詠詩晨征聽曉鴻）

48 愍海上之驚鳧。傷雲間之離鶴。離鶴昔未離。近發天北陲。（八詠詩夕行聞夜鶴）

49 去朝市。朝市深歸暮。（八詠詩解佩去朝市）

50 守山東。山東萬里鬱青葱。（八詠詩被褐守山東○以上十八首沈約作）

51 戚戚憂可結。結憂視春暮。（池上酬劉記室）

52 杳杳長役思。思來使情濃。（陸東海譙山集）

53 琴高遊會稽。靈變竟不還。不還有長意。長意希童顏。（贈鍊丹法和殷長史）

54 煙景抱空意。蘅杜綴幽心。心憂望碧葉。涵影顧青林。（惜晚春應劉秘書）

55 銷憂非萱草。永懷寄夢寐。夢寐復冥冥。何由覿爾形。（雜體三十首潘黃門岳述哀）

56 停艫望極浦。弭棹阻風雪。風雪既經時。夜永起懷思。（雜體三十首謝法曹惠連贈別）

57 摘芳愛氣馥。拾蕊憐色滋。色滋畏沃若。人事亦銷鑠。（同　上）

58 靈芝望三秀。孤筠情所託。所託已殷勤。祇足攪懷人。（同　上）

59 雜佩雖可贈。疏華竟無陳。無陳心悁勞。旅人豈遊遨。（同　上）

60 蒼蒼山中桂。團團霜露色。霜露一何緊。桂枝生自直。（雜體三十首劉文學楨感懷）

61 秋風聒地起。吹我至幽燕。幽燕非我國。窕窈為誰賢。（學魏文帝○以上七首江淹作）

62 幸及清江滿。無使明月虧。月虧君不來。相期竟悠哉。（贈俊公道人）

63 折桂衡山北。摘蘭沅水東。蘭摘心馬寄。桂折意誰通。（別 詩）

64 成功退不處。為名自此收。收名棄車馬。單步反蝸牛。（建除詩○以上三首范雲作）

65 雜聞百蟲思。偏傷一鳥聲。鳥聲長不息。妾聲復何極。（與司馬治書同聞鄰婦夜）

66 曖曖罘罳下。相望隔畫垣。畫垣向阿閣。棲鳳復棲鸞。（贈顧倉曹）

67 可用蠲憂疾。聊持駐景斜。景斜不可駐。年來果如驅。（采藥大布山）

68 安得崑崙山。偃蹇三珠樹。三珠始結荄。絳葉淩朱臺。（同 上）

69 我有一心人。同鄉不異縣。異縣不成隔。同鄉更脈脈。脈脈如牛女。無訪年一語。（為人傷近而不見○以上四首王僧孺作）

70 連圻連不極。極望在雲霞。（渡連圻二首之二）

71 飛輪倘易去。易去因風力。（學古三首之三）

72 湓城帶湓水。湓水縈如帶。（日夕望江山贈魚司馬）

73 晝悲在異縣。夜夢還洛汭。洛汭何悠悠。起望登西樓。（同 上）

74 憫憫分手畢。蕭蕭行帆舉。舉帆越中流。望別上高樓。（送韋司馬別）

75 邐邐山蔽日。洶洶浪隱舟。隱舟邈已遠。徘徊落日晚。（同 上）

76 想子斂眉去。知予銜淚返。銜淚心依依。薄暮行人稀。（同　上）

77 簾中看月影。竹裏見螢飛。螢飛飛不息。獨愁空轉側。（同　上）

78 家本青山下。好上青山上。青山不可上。一上一惆悵。（擬古三首聯句）

79 匣中一明鏡。好鑑明鏡光。明鏡不可鑑。一鑑一情傷。（同上〇以上五首何遜作）

80 苦極降歸樂。樂極苦選生。（賦詠百論捨罪福詩）

81 如何持此念。復為今日分。分悲宛如昨。弦望殊揮霍。（酬陸長史倕）

82 行舟雖不見。行程猶可度。度君路應遠。期望新詩返。（同　上）

83 命駕獨尋幽。淹留宿盧阜。盧阜擅高名。岧岧凌太清。（同上）

84 無因追羽翮。及爾宴蓬瀛。蓬瀛不可託。悵然反城郭。（同　上）

85 餘景騖登臨。方宵盡談謔。談謔有名僧。慧義似傳燈。（同上〇以上二首劉孝綽作）

86 詵詵纓冕。儲王導之。導之以禮。齊之以仁。（重光詩）

87 行驅金絡騎。歸就城南端。城南稍有期。想子亦勞思。（鄀縣遇見人織率爾寄婦）

88 妾家邊洛城。慣識曉鐘聲。鐘聲猶未盡。漢使報應行。（韋和湘東王應令二首冬曉）

89 可憐將可念。可念直千金。唯言有一恨。恨不遂人心。（詠佳麗）

90 斂橈隨水脈。急槳渡江湍。湍長不自辭。前浦有佳期。（釣竿篇）

91 請公無渡河。河廣風威厲。（公無渡河）

92 金漿木蘭船。戲採江南蓮。蓮香隔浦渡。荷葉滿江鮮。（採蓮曲○以上七首劉孝威作）

93 藏摧意未已。定自乘軒里。乘軒盡世家。佳麗似朝霞。（華光省中夜聞城外擣衣）

94 水逐桃花去。春隨楊柳歸。楊柳何時歸。裊裊復依依。（和蕭記室春旦有所思○以上二首費昶作）

95 為我彈鳴琴。琴鳴傷我襟。（爲我彈鳴琴）

96 借問藏書處。唯君故人在。故人名宦高。霜簡肅權豪。（詒孔中丞奐○以上二首沈炯作）

97 嘉樹春風早。春風花落新。（詠李）

98 非是妖姬渡江日。定言神女隔河來。來時向月別姮娥。別時清吹悲簫史。（新入姬人應令○以上二首江總作）

99 皇基屬明兩。副德表重輪。重輪非是暈。桂滿自恆春。（載嵩月重輪行）

100 遙夜復遙夜。遙夜憂未歇。（宗夬遙夜吟）

101 烏生如欲飛。飛飛各自去。（西曲烏夜啼）

102 桃葉復桃葉。桃葉連桃根。（桃葉歌）

103 春風動春心。流目矚山林。山林多奇采。陽鳥吐清音。（子夜歌）

104 鼓枻浮大川。延睇洛城觀。洛城何鬱鬱。杳與雲霄半。（劉峻自江州還入石頭詩）

105 門冬幸易將。率更愛雅體。體弱思自強。吏曹勉玉潤。（陸倕以詩代書別後寄贈）

106 高懷不可忘。劍意何能已。已作金蘭契。何言雲雨別。（荀濟贈陰梁州）

107 既彈趙人瑟。復擊秦人缶。缶瑟多奇調。秦趙饒姝妙。（同　上）

108 擁旄為漢將。汗馬出長城。長城地勢險。萬里與雲平。（虞羲詠霍將軍北征）

109 月下徘徊顧別影。風前悽斷送離聲。離聲一去斷還續。別響時來疏復促。（阮卓賦得黃鵠一遠別）

110 觀濤看白鷺。望草見青袍。青袍行中把。蔽草覆平野。（吳均答蕭新浦）

111 憑軾日欲昏。何處訪公子。公子之所在。所在良易知。（張率相逢行）

112 洞庭有歸客。蕭湘逢故人。故人何不返。春華復應晚。（柳惲江南曲）

三　擬　人

王靜安人間詞話有云：『以我觀物，故物皆著我之色彩。』詩人於凝神觀照之際，對無知的事物寄以靈性，託付感情，使人情與物理互相滲透，往復交流，以我寓物，以物見我，形諸詩句的修飾法，稱爲擬人法，亦稱擬人格。如：

❶喬木嘯山曲。征鳥怨水湄。（江淹劉僕射東山集）

人或獸發聲清越舒長稱爲嘯，風吹喬木，聲響縈迴，作者乃用嘯字擬其聲。又征鳥何怨？實爲人怨，皆是以人心比擬物心使然。

❷山開雲吐氣。風憤浪生花。（朱記室送別不及贈何殷二記室）

山、雲、風、浪均爲無知之物，卻由開、吐、憤、生而得生命與感情，眼前猶如見到山嵐瀰漫，風浪翻湧的壯濶景像，而產生新的意趣。

❸鴈與雲俱陣。沙將蓬共驚。（庾肩吾經陳思王墓）

鴈飛、雲飄本自然成行，而觀者却以爲鴈雲有意爲陣，沙蓬俱振，望之心驚，但詩中不云人驚，而說『沙將蓬共驚』，別開境界，令人耳且一新。

❹鳴珂隨蹋駛。輕塵逐影移。（梁元帝後園看騎馬）

跑馬奔馳，絡頭飾物隨之前進，且觸擊生響，所經處，也莫不風煙瀰漫，塵土飛揚。是以珂行、塵揚，皆因飛馳之馬所爲，詩人運用擬人手法，令珂、塵具生命力，遂使詩意無理而妙。（參用今人王次澄氏之說○南朝詩研究第五章第二節）其他如：

❶差池遠鴈沒。颯沓羣鳧驚。（謝朓和劉西曹望海詩）

❷白雲山上盡。清風松下歇。（張融別詩）

❸雷歎一聲響。雨淚或成行。（昭明太子有所思）

❹落花隨燕入。游絲帶蝶驚。（簡文帝春日）

❺桃花染春源。落英途風聚。（芳　樹）

❻七彩隋珠九華玉。蛺蝶為歌明星曲。（烏棲曲四首之四）

❼樓船寫退鷁。檣烏狎飛鳧。（將軍名詩）

❽木蓮恨花晚。薔薇嫌刺多。（屋名詩）

⑨池模白鵠舞。檐知青雀歸。（後臨荊州）
⑩啼鳥怨別偶。曙鳥憶離家。（歌曲名詩）
⑪方舟去鳷鵲。鵠引欲相要。（鳥名詩）
⑫四鳥嗟長別。三聲悲夜猿。（遣武陵王詩）
⑬松風侵曉哀。霜霧當夜來。（幽逼詩四首之三〇以上九首皆梁元帝作）
⑭晨禽爭學囀。朝花亂欲開。（武陵王紀曉色）
⑮雙劍愛匣同。孤鸞悲影異。（沈約豫章行）
⑯夜雪合且離。曉風驚復息。（沈約詠雪應令）
⑰驚麏去不息。征鳥時相顧。（沈約宿東園）
⑱萬壑共馳騖。百谷爭往來。（江淹渡泉嶠出諸山之頂）
⑲金蕭哀夜長。瑤琴怨暮多。（江淹秋夕納涼奉和刑獄舅）
⑳出風舞森桂。落日曖圓松。（江淹悼室人十首之四）
㉑越鳥憎北枝。胡馬畏南風。（范雲贈沈左衛）
㉒日華隨水汎。樹影逐風輕。（王僧孺秋日愁居答孔主薄）
㉓別鶴悲不已。離鸞斷更續。（王僧孺詠擣衣）
㉔翠華承漢遠。雕輦逐風游。（柳惲從武帝登景陽樓）

㉕琴聲悲玉匣。山路泣蘼蕪。（庾肩吾以妾換馬）
㉖鴈行連霧盡。雨足帶雲移。（庾肩吾奉賀便省餘秋）
㉗谷深流響咽。峽近猿聲悲。（王泰賦得巫山高）
㉘風光蕊上輕。日光花中亂。（何遜酬范記室雲）
㉙雷舒長男氣。枝搖少女風。（劉孝威初皇太子春林晚雨）
㉚葉慘風聲異。樓空月色寒。（劉孝先和兄孝綽夜不得眠）
㉛曉鳴動遙怨。夕淚感霜眠。（江洪和新浦侯詠鶴）
㉜重雲吐飛電。高棟響行雷。（朱超道對雨）
㉝魚驚畏蓮折。龜上礙荷長。（朱超道詠同心芙蓉）
㉞林月驚心鳥。園多奪目花。（聞人倩春日二首之二）
㉟新禽爭弄響。落蕊亂從風。（蕭瑱春日貽劉孝綽）

四 映襯

用比較性的詞彙，相互對比襯托，兩面交相映發，使成爲有力對照的修辭法，稱爲映襯。齊梁詠物詩中，多有藉他物來顯示所詠之對象者，玆舉數例以明之。

❶杏梁賓未散。桂宮明欲沈。（謝朓詠燭）

❷春風搖蕙草。秋月滿華池。(謝朓詠琴)

❸豈獨邁秦蘅。方知蔑玩芷。(梁簡文帝香茅)

❹石榴珊瑚蕊。木槿懸星葩。(梁簡文帝賦得薔薇)

前一首以空間的『杏梁』，『桂宮』，及時間上『賓未散』，『明欲沈』來襯托蠟燭的意象，且用燭光的幽晦閃爍，映照出閨房寂寞與思婦哀怨的感情。後三首則是藉用其他事物的烘托，使所詠之物的立體影像，可經讀者自然聯想而呈現眼前。其他在舖寫物的用途時，如梁簡文帝的白羽扇及梁宣帝的詠紙，也是以此方式。

再者，尚有利用四週景物來烘托染環境，以襯映情感者。如：

❶陰蟲日慘烈。庭草復云黃。金風徂清夜。明月懸洞房。(梁武帝擣衣)

❷迴月臨窗度。吟蟲繞砌鳴。初霜隕細葉。秋風驅亂螢。(梁簡文帝秋閨夜思)

❸斂色金星聚。縈悲玉筯流。(梁武陵王紀閨妾寄征人)

❹藹藹夜庭廣。飄飄曉帳輕。(王僧儒與司馬治書同聞鄰婦夜織)

❺斜光隱西壁。暮雀上南枝。風來秋扇屛。月出夜燈吹。(王僧儒秋閨怨)

❻相思不會面。相望空延頸。遠天去浮雲。長墟斜落景。(顧則心望廨前水竹)

❼春筍方解籜。弱抑向低風。相思將安寄。悵望南飛鴻。(蕭琛餞謝文學)

❽千里不相聞。寸心鬱氤氳。況復飛盈夜。木葉亂紛紛。(王融古意)

❾亭皋木葉下。隴首秋雲飛。寒園夕鳥集。思牖草蟲悲。（柳惲擣衣詩）

❿霜慘庭上蘭。風鳴簷下橋。（蕭子範望秋月）

淒冷孤寂的景物，在映襯出情緒的感傷，形成强烈對比，這種以景襯情的方式，在詩歌作法中是經常可見的。

五　誇飾

誇飾是以鋪張揚厲的文辭，增加文句感人力量的修辭法。蓋人情物理，多難以平實爲滿足，故喜用言過其實的辭句，或增加其數量，或改易其事理，所言與眞理實象不合，與世中常情相悖，而寫來又但覺其逼眞（見吳雨僧詩學總論），藉以引人注意與好奇。達到聳動視聽之目的，王充論衡增藝篇對誇飾原因有極精闢的見解，玆迻錄於后：

世俗所患，患言事增其實，著文垂辭，辭出溢其眞。稱美過其善，進惡沒其罪。何則？俗人好奇，不奇，言不用也。故譽人不增其美，則聞者不快其意；毁人不益其惡，則聽者不愜於心。聞一增以爲十，見百益以爲千。蜚流之言，百傳之語，出小人之口，馳閭巷之間，其猶是也。諸子之文，筆墨之疏，人賢所著，妙思所集，宜如其實，猶或增之。儻經藝之言，如其實乎！言審莫過聖人，經藝萬世不易，猶或出溢，增過其實，增過其實，皆有事爲，不妄亂誤，以少爲多也。

蓋誇飾文辭，聖人不禁，只要說詩者不以文害辭，不以辭害意卽可，故自炎漢以降，風氣彌盛，同馬相如的上林賦，便是著名例證。下逮六朝，更踵事增華，變本加厲，以期增加文章的外在美，但總以恰到好處爲宜。劉勰文心雕龍夸飾篇云：

飾窮其要，則心聲鋒起，夸過其理，則名實兩乖，若能酌詩書之曠旨，剪揚馬之甚泰，使夸而有節，飾而不誣，亦可謂之懿也。

語極切要，操觚者允宜三復。今列舉數例如下：

❶儂作北辰星。千年無轉移。（子夜歌）
❷洛陽數千里。孟津流無極。（丁督護歌）
❸比翼交頸遊。千載不相離。（長樂佳）
❹腹中如湯灌。肝腸寸寸斷。（華山畿）
❺百度不一回。千書信不歸。（讀曲歌）
❻憶子腹糜爛。肝腸尺寸斷。（子夜歌）
❼詑儂安在間。一去三千里。（懊儂歌）
❽凌崖必千仞。尋谿將萬轉。（謝朓遊山）

將計量的數字，來比喻情感堅貞，或陳述內心哀痛，或狀貌山水氣勢，以有限之字，形容無限之情，是誇飾法運用得當的地方。除此之外，尙有：

❶塹流鋪紫若。城風泛橘花。（梁簡文帝守東華門開）

❷聳樓排樹出。（梁簡文帝登烽火樓）

❸漁枻亂江晨。（虞羲春郊）

❹沙澤振寒草。弱水駕冰潮。（王融遊仙詩五首之五）

❺八川奔巨壑。萬傾溢澄波。（陰鏗閑居對雨）

❻時菊耀巖阿。雲霞冠秋嶺。（江淹雜體三十首謝僕射混遊覽）

❼獨枕凋雲鬢。孤燈損玉顏。（江淹征怨）

❽回首望荊門。浪驚且雷奔。（梁元帝遺武陵王詩）

❾三山馭螭鴻。玉鑾乃排月。（前緩聲歌）

❿虹壑寫飛文。巖阿藻餘絢。（從齊武帝瑯琊城講武應詔）

⓫淑氣婉登晨。天行聳雲旆。（三日侍林光殿曲水宴應制）

⓬側聞上士說。尺木乃騰雲。（華陽先生登樓不復下贈呈○以上四首沈約作）

⓭倏忽而千里。光景不及移。（張率走馬引）

⓮疎峯時吐月。密樹不開天。（吳均登壽陽八公山）

⓯水中千丈月。山上萬重雲。（吳均贈鮑春陵別）

⓰憤風急驚岸。屯雲仍觸石。（何遜和劉諮議守風）

⑰袖輕風易入。釵重步難前。（王訓應令詠舞）
⑱雷奔石鯨動。水濶牽牛遙。（劉孝威奉和六月壬午應令）
⑲重雲吐飛雹。高棟響行雷。（朱超道對雨）
⑳月光隨浪動。山影逐波流。（劉孝綽月半夜泊鵲尾）

以上所舉，皆是誇大逞奇，聳人耳目之作，雖有矯飾之嫌，然讀來却未覺其病，景致有磅礴氣勢，怨情可引發共鳴，不失爲齊梁詩中之佳句。

六　新　變

近儒王國維氏有言：『文體通行既久，染指遂多，自成習套，豪傑之士亦難於其中自出新意，故遁而作他體，以自解脫。』（人間詞話）兩漢時代的質樸文風，因相沿既久，極易令人耳目昏睡，落入俗套，故六朝的詩歌風貌，率多競求新變，摛文之士往往獨運巧思，令某些常用之字，出現於不常結合的詞彙或句法中，期能產生嶄新之面貌與無窮的韻味。如：

❶風碎池中荷。霜翦江南菉。（治　宅）
❷餘霞散成綺。澄江靜如練。（晚登三山還望京邑詩）
❸遠樹曖阡阡。生煙紛漠漠。（遊東田）
❹寒霧開白白。（高齋視事）

❺春色卷遙甸。（夏始和劉孱陵〇以上五首謝朓作）
❻落英分綺色。墜露散珠圓。（梁武帝遊鐘山大愛敬寺）
❼舞袖寫風枝。（梁昭明太子林下作妓詩）
❽霧崖開早日。晴天歇晚虹。（奉和登北顧樓）
❾連翩瀉去檝。鏡澈倒遙墟。（玩漢水〇以上二首梁簡文帝作）
❿青葱標暮色。（沈約寒松）
⓫草色斂窮水。木葉變長川。（秋至懷歸）
⓬凉草散螢色。衰樹斂蟬聲。（臥疾怨別劉長史〇以上二首江淹作）
⓭翠枝結斜影。（王僧儒春日寄鄉友）
⓮長風倒危葉。輕練網寒波。（吳均迎柳吳興道中）
⓯百年積死樹。千尺掛寒藤。（何遜渡連圻二首之一）
⓰疲痾積未瘳。伏枕倦長愁。（別劉孝先）
⓱月夜三江靜。雲霧四邊收。（夜泊）
⓲柳色浮新翠。（奉和登百花亭懷荊楚〇以上三首朱超道作）
⓳風窗穿石竇。月牖拂霜松。（入龍丘巖精舍）
⓴空帳臨窗掩。孤燈向壁然。（和張記室源傷往〇以上二首江總作）

以上均屬常見的文字，但經由作者巧思安排，即自然出色，新意層出，開創了與衆不同的風格。

七　複疊

重疊兩個或兩個以上相同的文字，用以摹擬物體的形狀，聲音或姿態，使與會神情俱現的修辭法，稱爲複疊，又名重言。

早在詩經中便已出現許多疊字，文心雕龍物色篇說：

> 詩人感物，聯類不窮。流連萬象之際，沈吟視聽之區，寫氣圖貌，旣隨物以宛轉，屬采附聲，亦與心而徘徊。故『灼灼』狀桃花之鮮，『依依』盡楊柳之貌，『杲杲』爲出日之容，『瀌瀌』擬雨雪之狀，『喈喈』逐黃鳥之聲，『喓喓』學草蟲之韻。……並以少總多，情貌無遺矣。雖復思經千載，將何易奪？

清人王筠更將詩經中的疊字分類聚集，而著有毛詩重言一書，例如『關關雎鳩』(關雎篇)、『肅肅兎罝』(兎罝篇)、『呦呦鹿鳴』(小雅鹿鳴)、『交交黃鳥』(黃鳥篇)的『關關』、『肅肅』、『呦呦』、『交交』是狀聲之詞；『碩人敖敖』(碩人篇)、『蒹葭蒼蒼』(蒹葭篇)、『糾糾葛屨』(葛屨篇)的『敖敖』、『蒼蒼』、『糾糾』是描摹形狀；『采采卷耳』(卷耳篇)、『坎坎伐檀』(伐檀篇)、『風雨瀟瀟』(風雨篇)的『采采』、『坎坎』、『瀟瀟』則是仿擬動作。而漢代古詩中，更不乏屢用重言，却複而不厭，賾而不亂者，如古詩十九首中的『青青河畔草，鬱鬱園中柳，盈盈樓上女，皎皎當窗牖。』『迢迢牽牛星，皎皎河漢女，纖纖擢素手，札札弄機杼。』及長篇敍事詩焦仲卿妻中的『時時爲安慰，久久莫相忘。』『奄奄黃昏後，寂寂人定初。』『枝枝相覆蓋，葉葉相交通。』等。流利灑脫，天機自到，逮及南朝，尤多運用，比比皆是，出現於篇章中或首尾單句及儷句的情形非常普遍，目的在使和聲諧調，便於吟誦歌詠（詳見王次澄氏之南朝詩研究第五章第一節），玆以名家篇什爲例，擇錄於左：

❶遠樹曖阡阡。生煙紛漠漠。（遊東田）
❷戚戚若無悰。（同上）
❸稍稍枝早勁。塗塗露晚晞。（酬王晉安）
❹擾擾整夜裝。肅肅戒徂兩。（京路夜發）
❺新葉初冉冉。初蕊新霏霏。（詠落梅）
❻愴愴緒風興。祁祁族雲布。（奉和隨王殿下十六首之八）
❼連連絕鴈舉。（奉和隨王殿下十六首之五）
❽蒼江忽渺渺。驅馬復悠悠。（和江丞北戍琅琊城）
❾曖曖江村見。離離海樹出。（高齊視事）
❿杳杳雲竇深。淵淵石溜淺。（遊　山）
⓫紫殿肅陰陰。（直中書省）
⓬離離水上蒲。（詠　蒲）

⑬凝露方泥泥。（始出尚書省）
⑭團團雲去嶺。（新治北窗和何從事）
⑮漠漠輕雲晚。（侍筵西堂落日望鄉）
⑯颯颯高樹秋。（同　上）
⑰秋河曙耿耿。（暫使下都夜發新林至京邑贈西府同僚）
⑱原雨晦茫茫。（賽敬亭山廟喜雨）
⑲秋壟終茫茫。（秋夜講解）
⑳衰柳尚沈沈。（始出尚書省）
㉑春岸望沈沈。（往敬亭路中）
㉒鏘鏘玉鑾動。（隨王鼓吹曲十首之二郊祀曲）
㉓汀葭稍靡靡。（休沐重還丹陽道中）
㉔切切陰風暮。（宣城郡內登望○以上二十二首謝朓作）
㉕靡靡行雲。（贈徐孝嗣）
㉖婉婉遊龍。（同　上）
㉗明明儲后。（侍太子九日宴玄圃詩○以上二首王儉作）
㉘遲遲眷西夕。（棲玄寺聽講畢遊邸園七韻應司徒教）

㉙兩頭纖纖綺上紋。（奉和纖纖○以上二首王融作）

㉚莓莓看細雨。漠漠視濃煙。（答蕭新蒲）

㉛翩翩流水車。蕭蕭曳練馬。（同　上）

㉜雲生曉靄靄。花落夜霏霏。（發湘州贈親故別）

㉝洸蘋方繞繞。落葉尚紛紛。（同　上）

㉞團團珠暉轉。炤炤漢陰移。（秋　念）

㉟皎皎日將上。獵獵起微風。（憶費昶）

㊱飄飄上碧虛。藹藹隱青林。（詠雲二首之一）

㊲夜夜空佇立。（秋　夜）

㊳寂寂深松晚。（銅雀悲）

㊴寒蟲鳴趯趯。（酬別江主簿屯騎）

㊵塞外何紛紛。（邊城將四首之一）

㊶朧朧樹裏月。（至湘州望南嶽）

㊷團團日西靡。（迎柳吳興道中）

㊸英英者桂。（重贈臨蒸郭某一首○以上十二首吳均作）

㊹的的帆向浦。團團月隱洲。（日夕望江山贈魚司馬）

㊺蕭蕭藂竹映。澹澹平湖淨。（望廨前水竹答崔錄事）

㊻擾擾排曙扉。轔轔驅早駕。（臨行公車）

㊼昱昱丹旐振。亭亭素蓋立。（王尚書瞻祖日）

㊽沉沉夜看流。淵淵朝聽鼓。（宿南州浦）

㊾夜淚坐淫淫。（同上）

㊿良人復灼灼。（看伏郎新婚）

51 擾擾見行人。（登石頭城）

52 颯颯履聲喧。（從主移西州寓直齋內霖雨不晴懷郡中遊聚）

53 的的與沙靜。（望新月示同羈）

54 騷騷急沫響。（入西塞示南府同僚）

55 屑屑身事微。（贈諸舊遊）

56 邐邐山蔽日。（送韋司馬別）

57 凜凜窮秋暮。（初發新林）

58 蘆岸晚脩脩。（還渡五洲）

59 奄奄殘暉滅。（范廣州宅聯句）

60 淒淒日暮時。（見征人分別）

61 曀曀風愈靜。（苦熱○以上十七首何遜作）

62 綠階已漠漠。汎水復綿綿。（詠青苔）

63 殘朱猶曖曖。餘粉尚霏霏。（早行逢故人車中爲贈）

64 噭噭夜猿鳴。溶溶晨霧合。（石唐瀨聽猿）

65 連連舟壑改。微微市朝變。（長歌行）

66 歸海流漫漫。出浦水濺濺。（早發定山）

67 憶來時。的的上階墀。勤勤敍離別。慊慊道相思。（六憶詩四首之一）

68 點點羅帳前。（六憶詩四首之二）

69 離離鴈度雲。（秋　夜）

70 佳期空靡靡。（登高○以上八首沈約作）

71 飛鳥起離離。（梁武帝古意二首之一）

72 團團出天外。煜煜上層峯。（詠朝日）

73 綠葉朝朝黃。紅顏日日異。（寒　閨）

74 行行異沂海。依依別路岐。（送　別）

75 螢飛夜的的，蟲思夕喓喓。（秋　夜）

76 藹藹車徒邁。飄飄旌旄懸。（往虎窟山寺）

77 幽閨情脈脈。漏長宵寂寂。（楚妃歎）

78 離離細磧淨。藹藹樹陰疎。（玩漢水）

79 溶溶如漬壁。的的似沈鉤。（十空六首之二）

80 朝光照皎皎。久漏轉駸駸。（十空六首之五）

81 悠悠歸棹入。渺渺去帆驚。（登烽火樓）

82 鬱鬱盡郊京。（同　上）

83 斜日晚駸駸。（納　涼）

84 楊柳葉纖纖。（春閨情）

85 曖曖陽雲台。（和湘東王陽雲樓簷柳）

86 的的夜螢飛。（傷離新體〇以上十三首梁簡文帝作）

87 班班仁獸集。（梁昭明太子和武帝遊鍾山大愛敬寺）

88 霏霏慶雲動。（同　上）

89 蒼蒼山中桂。團團霜露色。（雜體三十首劉文學楨感懷）

90 獵獵風剪樹。颯颯露傷蓮。（應劉豫章別）

91 於時秋永永。（同　上）

92 冏冏秋月明。（雜體三十首孫廷尉綽雜述）

93 疊疊玄思情。（同　上）

94 寥寥心悟永。（雜體三十首謝僕射混遊覽）

95 鑠鑠霞上景。（貽袁常侍）

96 蕭蕭雲色滋。（劉僕射東山集）

97 杳杳長役思。（陸東海譙山集）

98 閒居深悵悵。（多盡難離和丘長史）

99 戚戚憂可結。（池上酬劉記室）

100 飄飄恍惚中。（效阮公詩十五首之四）

101 擾擾當途子。（效阮公詩十五首之十一〇以上十一首江淹作）

102 望望江山阻。悠悠道路長。（有所思）

103 夜夜同朝宿。朝朝相對飛。（和晉安王詠燕）

104 結霧下溶溶。（賦得山）

105 天覆雲油油。（三日侍蘭亭曲水宴〇以上四首庾肩吾作）

106 皎皎無片非。的的一皆是。（爲人述夢）

107 迴持昔慊慊。變作今悠悠。（爲姬人自傷）

108 藹藹夜庭廣。飄飄曉帳輕。（與司馬治書同聞鄰婦夜織）

109 夜夜當窗織。（同上○以上三首王僧孺作）

110 塵鏡朝朝掩。寒衾夜夜空。（閨　怨）

111 因因從此見。果果自斯明。（和劉尚書侍王明集詩○以上二首梁元帝作）

112 河流旣浼浼。河鳥復關關。（遙見鄰舟主人投一物衆姫爭之有客請余爲詠）

113 桑中始奕奕。淇上未湯湯。（淇上人戲蕩子婦示行事一首）

114 桂華殊皎皎。柳絮亦霏霏。（校書秘書省對雪詠懷）

115 娟娟秋聲。習習春風。（詠　風）

116 秋月始纖纖。（望月有所思）

117 明明三五月。（床下映月○以上六首劉孝綽作）

118 鬱鬱陌上桑。盈盈道旁女。（陌上桑四首之一）

119 遙遙山下蹊。（之　二）

120 皎皎雲間月。（之　三）

121 裊裊機頭絲。（之　四）

122 飄飄似雲度。亭亭如蓋浮。（詠水中樓○以上四首王臺卿作）

123 析析寒沙漲。（旦發魚浦潭）

124 雅舞空僊僊。（敬酬柳僕射征怨○以上二首丘遲作）

125 耿耿橫天漢。飄飄出岫雲。（庾丹秋閨有望）

126 三楓何習習。五渡何悠悠。（范雲酧修仁水賦詩）

127 含花已灼灼。類月復圓圓。（徐勉詠琵琶）

128 簾影復離離。（李鏡遠詠日）

129 耿耿樵路分。（朱异還東田宅贈明離）

130 黝黝桑柘繁。（任昉落日泛舟東溪）

131 中霜白綏綏。（張率詠霜）

此外，在江南民謠吳歌西曲中，也有許多複疊的字句，如吳歌子夜歌的『念愛情慊慊』、『明月何灼灼』、『我念歡的的』，讀曲歌的『迢迢空中落』、『非歡獨慊慊，儂意亦驅驅。』子夜秋歌的『處處種芙蓉』，團扇郎的『青青林中行』，懊儂歌的『悽悽下床去』、及華山畿的『的的往年少』。『夜夜故望汝』、『卷卷相羅截』、『肝腸寸寸斷』、『相送勞勞渚』、『慊慊只爲汝』、『時時見經過』、『憒憒適得去』等，西曲石城樂的『環環在江津』，烏夜啼的『飛飛各自去』，西烏夜飛的『團團鷄子黃』，採桑度的『採葉何紛紛』、『綠葉何翩翩』，長松標的『落落千丈松』、『歲歲霜雪時』及共戲樂四首之一的『長袖翩翩若鴻鶩，纖腰嫋嫋會人情』等皆是。

綜計上述詩中出現的疊字，以『離離』、『悠悠』、『的的』、『皎皎』、『夜夜』、『飄飄』、『慊慊』、『藹藹』、『靡靡』、『霏霏』、『耿耿』、『團團』等詞的使用最爲頻繁，但運用疊字，貴在新穎，方能產生無窮的變化，若說楊柳必是『依依』，述雪雨恆爲『霏霏』則落入阬塹，變化不足，致使詩歌的神味盡失，弄巧成拙，反而不美。

八　雙關

中國文字爲一字一音，故多有義異音同，或字同義異的字，此類字在修辭上稱爲雙關隱語，即用一語詞同時關顧兩種不同事物的修辭法，亦名廋辭。

雙關語多見於樂府民歌清商曲辭中的吳歌及西曲中，令人讀之有言外見意的趣味，與回文同屬文人的文字遊戲。洪邁容齋三筆云：『自齊梁以來，詩人作樂府子夜四時歌之類，每以前句比興引喻，而後句實言以證之。』本書第二章第五節已約略提及，今再舉例以補充說明。

❶『蓮』『憐』雙關：

果得一蓮時。流離嬰辛苦。（子夜歌）

乘月採芙蓉。夜夜得蓮子。（子夜夏歌）

郎見欲採我。我心欲懷蓮。（同　上）

芙蓉始成葉。花豔未成蓮。（同　上）

處處種芙蓉。婉轉得蓮子。（子夜秋歌）

必得蓮子時。流離經辛苦。（讀曲歌）

湖燥芙蓉萎。蓮汝藕欲死。（同上）
芙蓉萎腹裏。蓮汝從心起。（同上）
芙蓉萬層生。蓮子信重沓。（同上）
餘花任郎摘。慎莫罷儂蓮。（同上）
作生隱藕葉。蓮儂在何處。（同上）
殺荷不斷藕。蓮心已復生。（同上）
行膝點芙蓉。深蓮非骨念。（同上）

❷『藕』『偶』雙關：

殺荷不斷藕。蓮心已復生。（讀曲歌）
不愛獨枝蓮。只惜同心藕。（同上）
湖燥芙蓉萎。蓮汝藕欲死。（同上）
色同心復同。藕異心無異。（梁武帝子夜夏歌）

❸『芙蓉』『夫容』雙關：

霧露隱芙蓉。見蓮詎分明。（子夜歌）
金銅作芙蓉。蓮字何能貴。（同上）
玉藕金芙蓉，無稱我蓮子。（同上）

芙蓉萎腹裏。蓮汝從心起。(讀曲歌)

湖燥芙蓉萎。蓮汝藕欲死。(同　上)

但看脫葉蓮。何如芙蓉花。(歡好曲)

芙蓉發盛華。淥水清且澄。(嬌女詩)

❹『絲』『思』雙關：

春蠶易感化。絲子已復生。(子夜歌)

理絲入殘機。何悟不成匹。(同　上)

桑蠶不作繭。晝夜長懸絲。(七日夜女歌)

春蠶不應老。晝夜長懷絲。(作蠶絲)

❺『碑』『悲』雙關：

石闕晝夜題。碑淚常不燥。(華山畿)

頓書千丈闕。題碑無罷時。(同　上)

三更書石闕。憶子夜啼碑。(讀曲歌)

石闕生口子。銜碑不得語。(同　上)

伏龜語石板。方作千歲碑。(同　上)

❻『題』『啼』雙關：

石闕晝夜題。碑淚常不燥。（華山畿）

頓書千丈闕。題碑無罷時。（同　上）

㛹襠別去年。不忍見分題。（讀曲歌）

歡相憐。題心共飲血。（同　上）

❼『梧』『吾』雙關：

桐樹生門前。出入見梧子。（子夜歌）

願天無霜雪。梧子解千年。（子夜秋歌）

桐樹不結花。何由得梧子。（懊儂歌）

迢迢空中落。遂為梧子道。（讀曲歌）

❽『油』『由』雙關：

無油何所苦。但使天明儂。（讀曲歌）

然燈不下炷。有油那得明。（同　上）

❾『博』『薄』雙關；

自從近日來。了不相尋博。（讀曲歌）

近月蓮違期。不復尋博子。（同　上）

❿『華』『話』雙關：

郎君不浮華。誰能呈實意。（讀曲歌）

摘菊持飲酒。浮華著口邊。（同　上）

⑪『蹄』『啼』雙關：

朝看莫牛跡。知是宿蹄痕。（讀曲歌）

⑫『星』『心』雙關：

晝背作天圖。子將負星歷。（讀曲歌）

⑬『琴』『情』雙關：

風吹合歡帳。直動相思琴。（王金珠子夜夏歌）

⑭『駛』『死』雙關：

走馬織懸簾。薄情奈當駛。（讀曲歌）

⑮『梅』『媒』雙關：

適聞梅作花，花落已成子。（孟珠）

⑯『棋』『期』雙關：

明燈照空局，悠然未有棋。（子夜歌）

⑰『亮』『諒』雙關：

懷冰闇中倚。已寒不蒙亮。（子夜冬歌）

⑱『匹』雙關布匹與匹偶：

空織無經緯。求匹理自難。（子夜歌）

理絲入殘機。何悟不成匹。（同 上）

晝夜理機絲。知欲早成匹。（子夜夏歌）

投身湯水中。貴得共成匹。（作蠶絲）

成匹郎莫斷。憶儂經絞時。（青陽度）

⑲『苦』雙關苦味與苦情：

黃蘗鬱成林。當奈苦心多。（子夜歌）

苦蘗向春水。苦心隨日長。（子夜春歌）

風吹黃蘗藩。惡聞苦離聲。（石城樂）

⑳『關』雙關關門與關心：

樆門不安橫。無復相關意。（子夜歌）

㉑『消』雙關消融與消瘦：

朝霜語白日。知我為歡消。（讀曲歌）

㉒『骨』雙關飛龍之骨與思婦之骨：

飛龍落藥店。骨出自為汝。（讀曲歌）

㉓『道』雙關道路與道說：

黃蘗萬里路。道苦眞無極。（讀曲歌）

㉔『散』雙關曲調名稱與離散：

有弄任郎作。唯莫廣陵散。（讀曲歌）

㉕『顚倒』雙關被風吹動與男女情愛：

四面風趨。使儂顚倒。（懊儂歌）

㉕『風流』雙關流水與風流：

遙見千幅帆。知是逐風流。（三洲歌）

九　練　字

詩文皆積句以成篇，故句子的好壞，必影響篇章的優劣。然積字以成句，故用字妥切與否，文句也必受影響。皇浦汸曾說：『語欲妥貼，故字必推敲，一字之瑕，足以爲玷，片語之類，幷棄其餘。』（王世貞藝苑卮言卷一引）卽是此意。

雖然古人練字，主張以意取勝，而不以字取勝，以期達到『平字見奇，常字見險，陳字見新，朴字見色。』（沈德潛說詩晬語卷下）的境界。但空泛的意，仍須寄托在穩當實體的字，而後方能適時表現欲傳達的意念，也才能文從字順，意境深遠，除用字穩當外，還須緊湊，劉勰曾說：『句有可削，足見其疎；字不得減，乃知其密。』（文心雕龍鎔裁篇）薛雪一瓢詩話也說：『格律雅健雄象，無所不有，能事畢矣，篇中練句，句中鍊字，鍊得篇中之意工到，則氣韵清高深渺。』在一首詩中，無論其爲五言或七言，應每字皆有其作用，不得減損，使全詩如膠漆相溶合，讀之才有興味無窮之妙。

練字之風，以南朝爲最盛，文心雕龍有聲律、章句、麗辭、比興、夸飾等篇，均在强調練字，講求形式之美，對詩中動詞與形容詞的安排尤費推敲，務使句法活潑靈動，意象鮮明，提昇詩歌的趣味與境界，後人所謂『字眼』『句眼』『詩眼』或卽指此。一般字眼多置於全句之中心，卽五言詩的第三字，或七言詩的第五字。南朝詩人練字並不侷限此範圍，有居於第二字或第四字者，亦有置於第五者，甚至有一句二眼者。總之，只需立意妥貼，既警且健，均有點鐵成金的妙用。

❶坐銷芳草氣。空度明月輝。（王融古意）

❷歲宴東光弭。景仄西華收。（王融奉和竟陵王郡縣名）

❸風生玉階樹。露湛曲池蓮。（劉繪詠博山香爐）

❹光風轉蘭蕙。流月泛虛園。（王儉後園餞從兄豫章）

❺黃鳥弄春飛。（王儉春詩二首之一）

❻箭銜鴈門石。氣振武安瓦。（吳均邊城將四首之二）

❼疎峯時吐月。密樹不開天。（吳均登壽陽八公山）

❽風斷陰山樹。霧失交河城。（范雲傚古）

⑨蒲心爭・出波。（范雲貽何秀才）

⑩頡頏鷗舞・白。流亂葉飛・紅。（劉瑱上湘度琵琶磯）

⑪氣往風集・隙。秋還露泫・柯。（王僧達七夕月下）

⑫月陰洞・野色。（奉和隨王殿下十六首之三）

⑬雲生・樹陰遠・。軒廣・月容開・。（奉和隨王殿下十六首之十）

⑭澄澄明浦媚・。衍衍清風爛・。（和劉中書）

⑮情多舞態遲・。意傾歌弄緩・。（夜聽妓二首之一）

⑯白水田外明・。孤嶺松上出・。（還塗臨渚）

⑰荒隩被・莎蒧。崩壁帶・苔蘚。（遊　山）

⑱霜月始・流砌。寒蛸早吟・隙。（同羈夜集）

⑲餘雪映・青山。寒霧開・白日。（移病還園示親屬）

⑳日華川山動・。風光草際浮・。（和徐督曹出新亭渚〇以上九首謝朓作）

㉑白雲山上盡・。清風松下歇・。（張融別詩）

㉒石險・天貌分・。林交・日容缺・。（孔稚圭遊太平山）

㉓明月流・素光。凝煙泛・城開。（梁南平王鏶失題）

㉔廣欄含・夜陰。高軒通・夕月。（梁南平王鏶七夕詠牛女）

㉕澗斜日欲隱。煙生樓半藏。（梁昭明太子開善寺法會）

㉖風來幔影轉。霜流樹沫溼。（梁昭明太子玄圃講）

㉗綠潭倒雲氣。青山銜月規。（梁簡文帝秋夜）

㉘螢翻競晚熱。（梁簡文帝玄甫納涼）

㉙蒲心爭出波。（梁簡文帝上巳侍宴林光殿曲水）

㉚松澗流星影。桂窗斜月暉。（梁元帝船名詩）

㉛紗窗相向開。窗疎眉語度。（劉孝威郡縣遇見人織率爾寄婦）

㉜煙壁浮青翠。石瀨響飛奔。（劉孝儀和昭明太子鍾山解講）

㉝風度餘芳滿。鳥集新條振。（劉孝綽侍宴餞張惠紹應詔）

㉞鮮雲積上月。凍雨晦初陽。迴風飄淑氣。落景煥新光。（同上）

㉟山翠餘煙積。川平晚照收。（蕭鈞晚景泛遊懷友）

㊱葉慘風聲異。樓空月色寒。（劉孝先和兄孝綽夜不得眠）

㊲山居感時變。遠客興長謠。疎林積涼風。虛岫結凝霄。（孫綽秋日）

㊳紅草涵電色。綠樹鑠煙光。（江淹還故園）

㊴風長曙鐘近。地迴洛城遙。（蔬圃堂）

㊵騰猿疑矯箭。驚雁避虛弓。（九日侍宴樂遊苑應令）

㊶荷低芝蓋出。浪涌燕舟輕。（山池應令）
㊷野曠秋先動。林高葉早殘。（賽漢高廟○以上四首庾肩吾作）
㊸野岸平沙合。連山近霧浮。（何遜慈老磯）
㊹風聲動密竹。水影漾長橋。（何遜夕望江橋示蕭諮議楊建康江主簿）
㊺急風亂還鳥。輕寒靜暮蟬。（朱超道別席中兵）
㊻山開雲吐氣。風憤浪生花。（朱記室送別不及贈何殷二記室）
㊼花落圓文出。風急細流翻。（沈君攸賦得臨水）
㊽重疊通日影。參差藏月輝。（鮑子卿詠玉階）
㊾雲起垂天翼。水動連山波。（王筠北寺寅上人房望遠岫翫前池）
㊿奔濤延瀾汗。積翠遠嵯峨。（同上）

十　摹擬

模仿爲文藝創作的方法之一，猶如今日的臨帖學書。因初學者藝事未精，所識不多，不得不規摹前人之作，以求與古人相合，近人陳曾則氏云：

初學者必以摹擬入手，雖出於有意，無礙也。其學既進，其境既熟，其術日深，而後能去其形貌，而得其神理。張廉卿先生云：『與古人訢合於無間』，非好學深思，安能得之。（古文比）

初學若不自摹擬入手，猶如登高而不自卑，行遠而不自邇，必然無所成就，但也不能一味抄襲，全無己意，否則便終身役於古人，不能自成家數。

南朝摹擬風氣尤爲盛行，雖大家亦不例外，除相互觀摹外，也受文學集團經常聚會競作或應和的影響，一則既可展露才華，又帶有與前人一較長短的意味，因此逐漸形成一種風尚。劉勰在文心雕龍中則認爲，文章有窮變通久的道理，學習古人有當模擬者，也有不當模擬者，不可一概而論，且一再學例強調模擬非不可貴，惟須明白通變之理，除模擬外仍須有自己的創見，方爲可貴，其通變篇云：

夫設文之體有常，變文之數無方，何以明其然耶。凡詩賦書記，名理相因，此有常之體也。文辭氣力，通變則久，此無方之數也。名理有常，體必資於故實，通變無方，數必酌於新聲，故能騁無窮之路，飲不竭之源。然綆短者銜渴，足疲者輟塗，非文理之數盡，乃通變之術疏耳。故論文之方，譬諸草木，根幹麗土而同性，臭味晞陽而異品矣。

又云：

夫青生於藍，絳生於蒨，雖踰本色，不能復化。桓君山云：『予見新進麗文，美而無採，及見劉揚言辭，常輒有得。』此其驗也。故練青濯絳，必歸藍蒨。

模擬之法，其先須與古人合，其後則須與古人離，運用之妙，全存乎一心。（參用吾師張仁青先生之說○駢文學第五章）而南朝詩人的模仿對象，或於古詩、或是某家之某詩、或是承襲古意等，試舉數例以明之：

❶擬古二首（王融作）
❷古意（王融作）
❸效古（沈約作）
❹學古三首（何遜作）
❺擬古三首聯句（何遜作）
❻青青河畔草（何遜作）
❼擬古五雜組詩（范雲作）
❽春望古意（蕭子範作）
❾古體雜意（劉孝威作）
❿清暑殿效柏梁體（梁武帝作）
⓫古意二首（梁武帝作）
⓬古意詠燭（梁元帝作）
⓭宴清言殿作柏梁體（梁元帝作）
⓮戲作謝惠連體十三韻（梁簡文帝作）
⓯擬落日窗中坐（梁簡文帝作）

按謝朓贈王主簿詩第一首作日落窗中坐。此似倒書。

⑯雜體三十首（江淹作）

按分別爲古離別、李都尉陵從軍、班捷妤詠扇、魏文帝曹丕遊宴、陳思王曹植贈友、劉文學楨感懷、王侍中粲懷德、嵇中散康言志、阮步兵籍詠懷、張司空華離情、潘黃門岳述哀、陸平原機羇宦、左記室思詠史、張黃門協苦雨、劉太尉琨傷亂、盧郎中諶感交、郭弘農璞遊仙、孫廷尉綽雜述、許徵君詢自敍、殷東陽仲文興矚、謝僕射混遊覽、陶徵君潛田居、謝臨川靈運遊山、顏特進延之侍宴、謝法曹惠連贈別、王徵君微養疾、袁太尉淑從駕、謝光祿莊郊遊、鮑參軍照戎行、休上人怨別。

⑰學魏文帝（江淹作）

⑱效阮公詩十五首（江淹作）

⑲學謝體（何子朗作）

⑳擬吳均體應教（紀少瑜作）

古人對歷史觀念的分野不甚嚴謹，文士往往超越時空爲古人代言，或托古事以抒懷抱，而此一創作態度，也更確立了文學是超越時空與美化人生特質的。（詳見王次澄氏之南朝詩研究第四章第二節）

十一 比喻

比喻又稱譬喻或比方，是將兩種不同類的事或物相比擬，使主題更明顯生動。文心雕龍比興篇云：『何謂比？蓋寫物以附意，颺言以切事者也。』又云：『比類雖繁，以切至爲貴。』故要使比喻靈動，除了兩者事物必須要有切近的類似點外，最好也是虛實相比，如『芙蓉如面』是以實物比實物，不易靈巧生動，論語中的『不義而富且貴，於我如浮雲。』便以具體的浮雲，來比喻抽象的富貴，意境自然貼切不凡。故只要妥當切至，曲達情事，把不易形容盡態的思想，藉比喻來充分表達，毋庸繁瑣重覆，既可令人默會心領，嚼之有味，又可表現作者匠心的巧妙運用，因此多爲古今文士經常使用的修辭法之一。

❶萬戶如不殊。千里反相似。車馬若飛龍。長衢無極已。（望城行）

❷月池皎如練。（別王丞僧孺）

❸三受猶絕雨。八苦若浮雲。（淨行詩十首之五）

❹赤如城霞起。青如松霧澈。黑如幽都雲。白如瑤池雪。（四色詩）

❺思君如明燭。中宵空自煎。（自君之出矣○以上五首王融作）

❻空濛如薄霧。散漫似輕埃。（觀朝雨詩）

❼玲瓏類丹檻。苕亭似元闕。（詠鏡臺）

❽抽莖類仙掌。銜光似燭龍。（詠燈○以上三首謝朓作）

❾縈蘂似亂蝶。拂燭狀聯蛾。（劉繪和池上梨花）

❿豔豔金樓女。心如玉池蓮。（梁武帝歡聞歌）

⓫桃花紅若點。柳葉亂如絲。（戲作謝惠連體十三韻）

⑫草化飛為火。蚊聲合似雷。（晚景納涼）

⑬乍如洛霞發。頗似巫雲登。（詠煙）

⑭拂樹若花生。（詠螢）

⑮簾似夜珠明。（同上）

⑯妙年同小史。姝貌比朝霞。（孌童〇以上五首梁簡文帝作）

⑰入樓如霧上。拂馬似塵飛。（梁元帝細雨）

⑱從風疑細雨。映日似遊塵。（梁元帝詠霧）

⑲漢池水如帶。巫山雲似蓋。（沈約餞謝文學離夜）

⑳非煙復非雲。如絲復如霧。（沈約庭雨應詔）

㉑微根如欲斷。輕絲似更聯。（沈約詠青苔）

㉒霢霂類珠綴。喘嚇狀雷奔。（任昉苦熱）

㉓未能聲似鳳。聊變色如珪。（王僧孺朱鷺）

㉔楓林曖似畫。沙岸淨如掃。（王僧孺至牛渚憶魏少英）

㉕二八人如花。三五月如鏡。（王僧孺月夜詠陳南康新有所納）

㉖芳草生未積。春花落如霰。（聊惲獨不見）

㉗侵雲似天闕。照水類河宮。（亂後經夏禹廟）

㉘如龍復如馬。成闕復成宮。（芝　草）

㉙委翠似知節。含芳如有情。（詠長信宮中草）

㉚明鏡如明月。（塵　鏡）

㉛皎月疑非夜。林疏似更秋。（和竹齋）

㉜遙天如接岸。帆遠似凌空。（遂涼北樓○以上六首庾肩吾作）

㉝如月復如蛾。（吳均楚妃曲）

㉞照人如照水。切玉如切泥。（吳均寶劍）

㉟縈空如霧轉。凝階似花積。（吳均詠雪）

㊱魚遊若擁劍。猿掛似懸瓜。（何遜渡連圻二首之二）

㊲本欲映梅花。翻悲似玉屑。（何遜詠春雪寄族人治書思澄）

㊳蕭散忽如畫。徘徊已復新。（何遜和司馬博士詠雪）

㊴風上似羊角。雲上若魚鱗。（王筠春日）

㊵麗樹標江浦。結翠似芳蘭。（徐摛詠橘）

十二　聯　邊

文心雕龍練字篇說：『聯邊者，半字同文者也。狀貌山川，古今咸用，施於常文，則齟齬為瑕，如不獲免，可至三接，三接之外，其字林乎。』因此聯邊字是利用文字構造的基本原理，或利用文字偏旁複疊以描寫景物，使讀者經目視而產生美感效果，或利用同爲以心會意之文字而加強情緒效果，使人味之意趣盎然，娓娓忘倦。（參用吾師張仁青先生之說〇見魏晉南北朝文學思想史論第二章第二節）玆舉數例，以窺其凡。

❶雲開瑪瑙葉。水淨琉璃波。（梁簡文帝西齋行馬）

❷歸海流漫漫。出浦水濺濺。（沈約早發定山）

❸綠階已漠漠。汎水復綿綿。（沈約詠青苔）

❹清淺旣漣漪。（王僧孺嚴陵瀨）

❺幾銷蘼蕪葉。空落蒲桃花。（王僧孺鼓瑟曲有所思）

❻曖曖罘罳下。（王僧孺贈顧倉曹）

❼寒雲晦滄洲。奔潮溢南浦。（柳惲贈吳均三首之一）

❽當戶種薔薇。枝葉太葳蕤。（柳惲詠薔薇）

❾曈曈風愈靜。曈曈日漸旰。（何遜苦熱）

❿河漢漸湯湯。（何遜七夕）

⓫逶迤傍隅隩。迢遞陟陘峴。（謝靈運從斤竹澗越嶺溪行）

⓬巖峭嶺稠疊。（謝靈運過始寧墅）

⑬棹動芙蓉落。（梁簡文帝採蓮曲）

⑭羞學滄浪水。濯足復濯纓。（劉孝勝武溪深行）

⑮漢水深難渡。深潭見底清。（劉遵從頓還城應令）

⑯河流旣浼浼。河鳥復關關。（劉孝綽遙見鄰舟主人投一物衆姫爭之有客請余爲詠）

⑰菤葹心未發。蘼蕪葉欲齊。（王筠和吳主簿六首之一春日）

⑱芳草徒萋萋。（同上）

⑲桂枝行棟棟。（王筠和吳主簿六首之二秋夜）

⑳蕭蕭藂竹映。澹澹平湖淨。（何遜望廨前水竹答崔錄事）

第五章　齊梁詩在中國文學史上之地位

第一節　隋唐人對齊梁詩的評價

自東晉永嘉至齊梁，歷時約有二百年，其間，中原失土長久未復，北伐早已無望，且內亂屢興，封疆日蹙，一般士大夫多無經綸邦國，澄淸天下的大志，在聲色犬馬的醉夢中苟且偸安，外加帝王的大力倡導，與江南景物秀麗的優越地理環境多重影響下，文士們的全副精神，便完全集中在文藝創作之上了。

齊朝王儉，首開隸事風氣，以一事不知爲恥，字有來歷爲高，文人自然馳騁辭場，競相隸事，呈現空前絕後的奇觀，由左列史料可以證明：

南史王摛傳：

尙書令王儉嘗集才學之士，總校虛實，類物隸之，謂之隸事，自此始也。儉嘗使賓客隸事多者賞之，事皆窮，唯廬江何憲爲勝，乃賞以五花簟、白團扇。坐簟執扇，容氣甚自得。摛後至，儉以所隸示之，曰：『卿能奪之乎。』摛操筆便成，文章旣奧，辭亦華美，擧坐擧賞。摛乃命左右抽憲簟，手自掣取扇，登車而去。儉笑曰：『所謂大力者負之而趨。』竟陵王子良校試諸學士。唯摛問無不對。

又陸澄傳：

王儉自以博聞多識，讀書過澄。澄謂曰：『僕少來無事，唯以讀書爲業，且年位已高。令君少便鞅掌王務，雖復一覽便諳，然見卷軸未必多僕。』儉集學士何憲等盛自商略，澄待儉語畢，然後談所遺漏數百十條，皆儉所未覩。儉乃歎服。儉在尙書省出巾箱几案雜服飾，令學士隸事事多者與之，人人各得一兩物。澄後來，更出諸人所不知事，復各數條，並舊物奪將去。

王儉門下才士如雲，均爲隸事高手，如王摛、陸澄、何憲之輩，卽使儉學識淵博，亦不得不甘拜下風。也因此應運產生了許多類書，計有：南齊蕭子良四部要略，梁皇覽，沈約的袖中記、袖中略集及珠叢，庾肩吾採璧，徐爰合皇覽目，蕭琛皇覽抄，劉峻類苑，梁七錄，要錄，徐僧權華林徧略，劉杳壽光書苑，元暉科錄，蕭子顯等法寶聯璧，張率文衡，蕭統的文選及文章英華，蕭綱長春義記，蕭繹古今同姓名錄等。（參用吾師張仁青先生之魏晉南北朝文學思想史論○第一章表十）二者互爲因果，此後，作者不復以自鑄新辭爲高，而以多用事典爲博。逮及梁朝沈約，又提出四聲八病之說，音韻講求擲地有聲，以爲新變，一時全國上下，競向新裁，凡有製作，莫不字別平仄，音分淸濁，『至是轉拘聲韻，復踰於往時。』（梁書庾肩吾傳）在這種競相用典，注重聲律與絺章繪句，振藻揚葩的風氣中，自然使文學面目煥然一新，形式與技術更趨於極端唯美，也相對忽略了實質的內容，因而引起衛道人士嚴厲的指責。今掔其要者，以見一斑。

劉勰文心雕龍序志篇云：

敷讚聖旨，莫若注經，而馬鄭諸儒，弘之已精，就有深解，未足立家。唯文章之用，實經典枝條，五禮資之以成，六典因之致用，君臣所以炳煥，軍國所以昭明，詳其本源，莫非經典。而去聖久遠，文體解散，辭人愛奇，言貴浮詭，飾羽尚畫，文繡鞶帨，離本彌甚，將遂訛濫。蓋周書論辭，貴乎體要，尼父陳訓，惡乎異端。辭訓之異，宜體於要。於是搦筆和墨，乃始論文。

又通變篇云：

搉而論之，則黃唐淳而質，虞夏質而辨，商周麗而雅，楚漢侈而豔，魏晉淺而綺，宋初訛而新。從質及訛，彌近彌澹，何則，競今疎古，風味氣衰也。今才穎之士，刻意學文，多略漢篇，師範宋集，雖古今備閱，然近附而遠疎矣。

定勢篇亦云：

自近代辭人，率好詭巧，原其爲體，訛勢所變，厭黷舊式，故穿鑿取新，察其訛意，似難而實無他術也，反正而已。故文反正爲乏，辭反正爲奇。效奇之法，必顛倒文句，上字而抑下，中辭而出外，回互不常，則新色耳。夫通衢夷坦，而多行捷徑者，趨近故也，正文明白，而常務反言者，適俗故也。然密會者以意新得巧，苟異者以失體成怪。舊練之才，則執正以馭奇，新學之銳，則逐奇而失正，勢流不反，則文體遂弊。秉茲情術，可無思耶。

劉氏以纖微雕刻的風氣訛濫，去聖寖遠，且專騖形式，輕忽內容，失去文章實用的作法，深致不滿，故感覺有逆襲狂瀾的必要。

在唯美主義浪潮陵蕩江左之時，還有一位抗心希古，獨樹一幟的守舊人士，便是裴子野。他不但殫精惇史，且文行自重質素，不尚辭采，所作雕蟲論對當時大盛的藻飾技藝，有嚴厲的評彈：

古者四始六藝，總而爲詩，既形四方之風，且章君子之志。勸美懲惡，王化本焉。後之作者，思存枝葉，繁華蘊藻，用以自通。若悱惻芳芬，楚騷爲之祖，靡漫容與，相如和其音。由是隨聲逐影之儔，棄指歸而無執，賦詩歌頌，百帙五車。蔡邕等之俳優，揚雄悔爲童子，聖人不作，雅鄭誰分。其五言爲詩家，則蘇李自出，曹劉偉其風力，潘陸固其枝柯。爰及江左，稱彼顏謝，箴繡鞶帨，無取廟堂。宋初迄於元嘉，多爲經史，大明之代，實好斯文。高才逸韻，頗謝前哲，波流相向，滋有竺焉。自是閭閻年少，貴遊總角，罔不擯落六藝，吟咏情性，學者以博依爲急務，謂章句爲專魯，淫文破典，斐爾爲功。無被乎管絃，非止乎禮義。深心主卉木，遠致極風雲，其興浮，其志弱，巧而不要，隱而不深。討其宗途，亦有宋之遺風也。若季子聆音，則非興國，鯉也趨室，必有不敢。荀卿有言：『亂代之徵，文章匿而采。』豈近之乎。（全梁文五十三）

他以史學家尚質闢文的觀念，意圖修正形式主義文學的偏差，雖不足以改變一般文士的創作路線，然亦自有其價值所在，但他厭惡吟詠性情，反對純文藝，力主文必『被於管弦，止乎禮義』，欲恢復文學於附庸儒家地位的看法，則有欠周詳，蓋天地間最可貴的便是眞情，發之於內而形諸於外，是音樂，舞蹈，文學等一切藝術創作的原動力，今捨棄情感，奢言創作，無疑是本末倒置，裴氏排斥緣情文學，不啻是開時代倒車的做法，其論點實難爲世人所接受。

至隋文帝時，有李諤的上高祖書：

> 臣聞古賢哲王之化人也，必變其視聽，防其嗜慾，塞其邪放之心，示以淳和之路，五敎六行爲訓人之本，詩書禮易爲道義之門，故能家復孝慈，人知禮讓，正俗調風，莫大於此。其有上書獻賦，制誄鐫銘，皆以褒德序賢，明勳證理，苟非懲勸，義不徒然。降及後代，風敎漸落。魏之三祖，更尚文詞，忽君人之大道，好彫蟲之小藝；下之從上，有同影響，競騁文華，遂成風俗。江左齊梁，其弊彌甚：貴賤賢愚唯務吟詠，遂復遺理存異，尋虛逐微，競一韻之奇，爭一字之功：連篇累牘，不出月露之形，積案盈箱，唯是風雲之狀。世俗以此相高，朝廷據玆擢士，祿利之路既開，愛尚之情愈篤。於是閭里童昏，貴游總丱，未窺六甲，先製五言。至如羲皇舜禹之典，伊傅周孔之說，不復關心，何嘗入耳！以傲誕爲情虛，以緣情爲勳績，指儒素爲古拙，用詞賦爲君子。故文筆日繁，其政日亂，良由棄大聖之規模，構無用以爲用也。

在隋及唐初約一百多年的文風，仍是承襲了南朝餘音，李諤的上書，仍是有見當時文體輕薄，流宕忘反，他站在儒家對文學正統載道的理論觀念上，力攻駢體缺失，雖然儒學衰微與虛浮習氣確實造就了唯美文學，然他强調儒敎，輕視文藝，崇尚實用功能，而卑賤虛飾的言論，却開啓了唐代復古思想的先端。

其後，王通的中說，便繼續對南朝文學施以攻擊：

子謂文士之行可見：謝靈運小人哉，其文傲；君子則謹。沈休文小人哉，其文冶；君子則典。鮑照江淹，古之狷者也，其文急以怨。吳筠孔珪，古之狂者也，其文怪以怒。謝莊王融，古之纖人也，其文碎。徐陵庾信，古之夸人也，其文誕。或問孝綽兄弟？子曰，鄙人也；其文淫。或問湘東王兄弟？子曰，貪人也，其文繁。謝朓，淺人也，其文捷。江總，詭人也，其文虛。皆古之不利人也。（事君篇）

南朝文士在批評中，全成了狷狂貪鄙的千古罪人，一無可取，惟有顏延之、王儉、任昉三人，認爲他們『有君子之心焉，其文約以則。』因此，他對於當時文學的結論是『古之文約以達，今之文繁以塞。』着重文章的根本是約而達，窮逐文學的末流則爲繁且塞。事君篇又云：

古君子志於道，據於德，依於仁，而後藝可游也。

其以載道爲先，文學藝術爲末的想法顯然可見。

事實上，文學的功用除載道以外，尚有致用與怡情。致用者如書牘銘箴，頌贊誄碑，詔策檄移之類，純屬應用；怡情乃怡養性情也，故多以舒發個人喜怒哀樂的情感爲主，此類文學創作，並無一特定目的，有時僅是爲作文而作文，所作之文既不欲公之於世，乃至不願他人閱讀，然則此類文章，是否便可視同廢物？其實不然，因爲人類除了求取知識與滿足物質生活的溫飽外，尚有所謂精神生活，爲作文而作文，既是充實精神上的需求。譬如珠玉珍玩，饑不可食，寒不可衣，而人以爲貴，則在它美觀悅目，可供欣賞；又如雅曲佳畫，皆非經世濟民所急需，爲何各級學校尚殷殷督責學生學習，且被列爲五育之一的美育？因爲音樂可以移情，丹青可供賞心，均足以美化人生，淨化性靈。美文亦是如此，在設色穠麗，遣詞斑爛，窈曲往復，蘊涵萬端中，處處可見良工苦心，但却不必篇篇是經國救世的鴻文，其足以陶冶性情，移易氣質，充實精神領域的功用，則可斷言。

自王通之後，初唐史家們論文重道雖沒有這般極端，但對六朝文學亦多有不滿，如魏徵梁論：

(簡文帝)文豔用寡，華而不實；體窮淫靡，義罕疏通，哀思之音，遂移風俗。

又他的隋書文學傳序說：

梁自大同之後，雅道淪缺，漸乖典則，爭馳新巧。簡文、湘東，啓其淫放；徐陵、庾信，分路揚鑣。其義淺而繁，其文匿而采。調尚輕險，詞多哀思。格以延陵之聽，蓋亦亡國之音乎？

其他，尚有令狐德棻的周書王褒庾信傳論云：

子山之文，發源於宋末，盛行於梁季。其體以淫放爲本，其詞以輕險爲宗，故能夸目侈於紅紫，蕩心逾於鄭衞。昔揚子雲有言：『詩人之賦麗以則，詞人之賦麗以淫。』若以庾氏方之，斯乃詞賦之罪人也。

李百藥的北齊書文苑傳序也曾提到：

江左梁末，彌尚輕險。始自儲宮，刑乎流俗。雜沾滯以成音，故雖悲而不雅。爰逮武平，政乖時蠹。唯藻思之美。雅道猶存。履柔順以成文，蒙大難而能正。原夫兩朝叔世，俱肆淫聲；而齊氏變風，屬諸絃管。梁時變雅，在夫篇什，莫非易俗所致，並爲亡國之音。……

這些幾乎全是反對齊梁的論調，將唯美文學視爲『華而不實』，『爭馳新巧』，『以淫放爲本，輕險爲宗』的『亡國之音』。他們認爲文學的文源應以聖賢述作爲依歸，文學的功用則以裨贊王道綱紀人倫爲標準。這些史學家的見解，雖與文學批評沒有很直接的關係，但此類對當時文學的不滿論調，却成爲後世古文家們提倡復古運動的重要依據。

唐代詩人中，反對齊梁文風的首推陳子昂。他在與東方左史糾修竹篇敍說：

文章道弊五百年矣，漢魏風骨，晉宋莫傳。然而文獻有可徵者。僕暇時觀齊梁間詩，采麗競繁，而興寄都絕，每以永歎，竊思古人，常恐逶迤頹廢，風雅不作，以耿耿也。一昨於解三處，見明公詠孤桐篇，骨端氣翔，音情頓挫，光英朗練，有金石聲。遂用洗心飾視，發揮幽鬱。不圖正始之言，復睹於茲，可使建安作者，相視而笑。

可知他是反齊、梁而嚮往魏晉的。因傾心於『正始之音』，所以反『彩麗競繁』而主張『骨端氣翔』，這種觀念表現在寫作上，自然不同於南朝風格，他的三十八首感遇詩，便頗能一變徐庾餘風而歸於平淡清雅。

其後提出同樣論調者爲李白。他曾自謂：『梁陳以來，艷薄斯極，將復古道，非我而誰。』（孟棨本事詩引）太白爲人本就偏重浪漫氣息，論詩亦崇尚自然，破棄格律，對齊梁詩人摹擬古人，拘束聲律的風氣，十分不滿，在古風的首章便暢述他的看法：

> 大雅久不作，吾衰竟誰陳。王風委蔓草，戰國多荊榛。龍虎相啖食，兵戈逮狂秦。正聲何微茫，哀怨起騷人。揚馬激頹波，開流蕩無垠。廢興雖萬變，憲章亦已淪。自從建安來，綺麗不足珍。聖代復元古，垂衣貴清真。羣才屬休明，乘運共躍鱗。文質相炳煥，衆星羅秋旻。我志在刪述，垂暉映千春。希聖如有立，絕筆於獲麟。

他欲以浪漫的作風改變古典氣息，本無可厚非，但因提倡復古而對藝術美的優點，一併欲以廢棄的看法，却未免有矯往過正之嫌。

此外，尚有白居易，元稹，對南朝嘲風雪弄花草的風氣亦深致感慨，白居易在與元九書說：

> 陵夷至於梁陳間，率不過嘲風雪，弄花草而已。噫！風雪花草之物，三百篇中豈捨之乎？顧所用何如耳。設如『北風其涼』假風以刺威虐，『雨雪霏霏』因雪以愍征役，『棠棣之華』感花以諷兄弟，『采采芣苢』美草以樂有子也。皆興發於此而義歸於彼。反是者，可乎哉？然則『餘霞散成綺，澄江淨如練』『歸花先委露，別葉乍辭風』之什，麗則麗矣，吾不知其所諷焉。故僕所謂嘲風雪，弄花草而已。于時六義盡去矣。

元稹的杜甫墓誌銘也提到：

晉世風概稍存，宋齊之間，敎失根本，士以簡慢歙習舒徐相尙，文章以風容色澤放曠精清爲高，蓋吟寫性靈，流連光景之文也。意義格力無取焉。陵遲至陳梁，淫艷刻飾，佻巧小碎之詞，又宋齊之所不取。

他們二人同是主張詩風應自然而趨於平易，故偏重實質的內容，並以禮義做爲衡量的標準，所謂『感人心者，莫先乎情，……莫深乎義。』（白居易與元九書）由此而悟出一個道理，便是：『文章合爲時而著，歌詩合爲事而作。』（同上）詩歌的根本雖是情，而引起情感波動的時與事却不盡相同，件件皆需發乎情感，止乎禮義，以『義』爲實質，不免使詩國的疆域太過狹隘，國風之中，出於自然吟詠的男女愛情，在有感而發的當時，未必一定想到是否合於『事』，合於『義』，方能騁馳思緒，產生千古傳頌的至情之作。（參用郭紹虞中國文學批評史第四、五篇）

縱觀上述，凡反對唯美文學的衞道之士，多以其淫靡、華麗、無實質內容爲詬病的癥結，但我們從文學反映現實這個觀點來看，一是自然環境的變易遞邅可以影響人類的感情，再反應到表達情感的文學上面，正是所謂『情以物遷，辭以情發。』（文心雕龍）其次，生活狀況的豐嗇優劣，亦影響了人生的喜怒哀樂，也自然而然的在文學方面表現出來。因此，文學作品的產生，是人類具體感受了自然與社會的外在環境刺激，內在的情感，又受到某些事物的影響變易，透過智慧所表現出的結晶。（參用近人孟戈氏之文心雕龍與南朝文學之說〇文學世界二十四期）

這種思想的藝術結晶，固然有其實用價值，却不能以功利眼光來衡量比較，固然有載道諷諭的責任，却不能僅視爲傳揚敎化的工具，因爲文學本身卽是一種價值的存在，藉着它，人類可以宣洩情感，傳達思想，亦可敎化百姓，傳達政令，故將文學定義侷限任何一隅均有失允當，此其一也。

再者，齊梁文學偏重形式之美，往往忽略內容確屬事實，但一篇至情不朽之作，應是內在美與外在美二者兼具，徒有對仗，聲調，藻采的外在，或徒有思想，情感，想像的內在均不足以構成佳作。故文心雕龍情采篇云：

夫鉛黛所以飾客，而盼倩生於淑姿，文采所以飾言，而辯麗本於情性。故情者文之經，辭者理之緯，經正而後緯成，理定而後辭暢，此立文之本源也。

適度的敷施鉛黛於文采，只會增加與潤色盼倩辯麗的美。倘若用之過量，則有害於淑姿情性，欲益反損，則爲不美。然盼倩之姿，乃麗質天生，並不會因爲鉛黛的潤澤而有損本質，有如西施的風華絕代，嚴妝淡抹總是相宜，粗服亂髮，亦難掩國色，是氣質之美；東施無其美却捧心效顰，卽使衣以錦繡，飾以珠玉，塗以鉛黛，却無法稍減醜陋形態，見者莫不掩口疾走。文學亦然，動之於性，感之於情，發之爲文，再飾以合宜的文采外觀，方是眞美。自古以來，衞道之士多只注重文學內容是否合於義理，達到載道功用，而忽略甚至詆毁外在的修飾，抹殺文學的藝術價值，口誅筆伐的要將它回復到先秦以前的附庸地位，這種漠視純文學之眞價值的論調，嚴重阻碍文學的正常發展。六朝旣被公認爲中國文學史上美術文學的全盛時代，其作品風格自有其價值與不朽地位，我們在探討之餘，更應持以客觀的態度，方能不失偏頗。

第二節　齊梁詩對唐詩的影響

清焦循易餘籥錄在論及文藝的變遷時曾說：

齊梁者，樞紐於古律之間者也；至唐遂專以律傳。杜甫，劉長卿，孟浩然，王維，李白，崔顥，白居易，李商隱之五律七律，六朝以前所未有也；若陳子昂，張九齡，韋應物之五言古詩，不出漢魏人之所範圍。故論唐人詩以七律五律爲先，七古七絕次之；詩之境至是盡矣。……夫一代有一代之所勝；舍其所勝，以就其所不勝，皆寄人籬人者耳。

凡社會一切事物的進化，均是逐漸醞釀形成，而非在短時間內勃然不變。文學的演進也是如此。當一種新文藝由萌芽生長至成熟的過程中，必包含承受了多種前項舊文藝的要素，猶如生物遺傳，子必承襲其父或其祖的人格特質。且在新文藝已發展成熟的階段，舊文藝的痕跡並不會完全衰微脫落，這是『一代有一代之所勝』成爲文藝遞嬗交替之公例的必備條件。（詳見張世祿之中國文藝變遷論第二章）齊梁詩便正符合了此條件，成爲由古詩過渡到近體詩的重要橋樑。

儘管前人對齊梁時期浪漫綺麗的作品多有不滿，極力詆毀，但無可否認的，若沒有聲律的自覺，辭藻對偶的講求，便造就不出詩壇的燦爛奇葩——唐代絕律。所以我們可以肯定：唐詩雖在中國文學史上大放異彩，可是它却早在六朝時便已萌芽。

李白是唐代的大詩家，他論詩頗受陳子昂的影響，以復興『大雅』爲已任，自評爲『蓬萊文章建安骨』（宣州謝朓樓餞別校書叔雲），但與他相知頗深的杜甫，對他的精湛評語却是：

李侯有佳句。往往似陰鏗。（與李十二白同尋花十隱居）

清新庾開府。俊逸鮑參軍。（春日憶李白）

近來海內為長句。汝與山東李白好。何劉沈謝力未工。才兼鮑照愁絕倒。（蘇端薛復筵簡薛華醉歌）

而李白自己對南齊詩人謝朓，更深致傾慕，屢屢在詩中提及。

解道澄江淨如練。令人長憶謝玄暉。（金陵城西樓月下吟）

高人屢解陳蕃榻。過客難登謝朓樓。（寄崔侍御）

蓬萊文章建安骨。中間小謝又清發。（宣州謝朓樓餞別校書叔雲）

聞道金陵龍虎盤。還同謝朓望長安。（答杜秀才五松山見贈）

宅近青山同謝朓。門垂碧柳似陶潛。（題東谿公幽居）

我吟謝朓詩上語。朔風颯颯吹飛雨。謝朓已沒青山空。後來繼之有殷公。（酬殷明佐

曾標橫浮雲。下撫謝朓肩。（贈宣城宇文太守兼呈崔侍御）

明發新林浦。空吟謝朓詩。（新林浦阻風寄友人）

三山懷謝朓。水澹望長安。（三山望金陵寄殷淑）

諾望楚人重。詩傳謝朓清。（送儲邕之武昌）

誰念北樓上。臨風懷謝公。（秋登宣城謝朓北樓）

我家敬亭下。輒繼謝公作。相去數百年。風期宛如昨。（遊敬亭寄崔侍御）

獨酌板橋浦。古人誰可徵。玄暉難再得。灑酒氣塡膺。（秋夜板橋浦泛月獨酌懷謝朓）

雖然李白的詩神韻多似鮑照，但小謝的影響，亦不容忽視，張溥謝宣城集體辭說得好：

余讀青蓮五言詩，情文駿發，亦有似玄暉者，知其興歎難再，誠心儀之，非臨風空憶也。

太白詩中，清麗的句子不勝枚舉，如秋登巴陵望洞庭：

清晨登巴陵。周覽無不及。明湖映天光。徹底見秋色。秋色何蒼然。際海俱澄鮮。山青滅遠樹。水綠無寒煙。來帆出江中。去鳥向日邊。風清長沙浦。霜空雲夢田。瞻光惜頹髮。閱水悲徂年。北渚既蕩漾。東流自潺湲。郢人唱白雪。越女歌採蓮。聽此更斷腸。憑崖淚如泉。

其中多用偶句，與小謝遊敬亭山，休沐重還丹陽道中等詩均有相似之處，從謝詩中的昇華，較前人更爲卓絕。

再說到受人推崇備至的詩聖杜甫，更是足以代表傾向南朝作風的詩人。他不但『熟精文選理』（武宗生日），且『晚節漸於詩律細』（遣悶戲呈路十九曹長），所以他的觀念中並不卑視唯美文學，他在戲爲六絕句說：

庾信文章老更成。凌雲健筆意縱橫。今人嗤點流傳賦。不覺前賢畏後生。

解悶詩也顯示了他對南朝文學的好感：

陶冶性靈存底物。新詩改罷自長吟。孰知二謝將能事。頗學陰何苦用心。

在對詩人的批評中更以南朝文士比擬，如稱鄭審，李之芳云：『鄭李光時論，文章並我先，陰何尚清省，沈宋欻連翩。』（秋日夔府奉寄一百韻）稱張九齡云：『綺麗元暉擁，牋誄任昉騁。』（八哀）稱畢曜云：『流傳江鮑體。』（贈畢四曜）稱岑參云：『謝朓每篇堪諷誦。』（寄岑嘉州）可見杜甫並不反對齊梁文風，此外，他並能善用辭藻，去其浮靡，充份發揮南朝詩藝術美的優點來彌補其過度使用的流弊。

對音韻，他認爲應要『遺辭必中律』（橋陵詩三十韻），『律比崑崙竹，音知燥濕絃。』（秋日夔府奉寄鄭審李之芳）因爲誦詩時精微飛動的聲音，必借重音律，而杜甫深知此二者的重要關係，故於夜聽許十一誦詩中說：

誦詩渾游衍。四座皆辟易。應手看捶鉤。清心聽鳴鏑。精微穿溟涬。飛動摧霹靂。陶謝不枝梧。風騷若推激。紫燕自超詣。翠駮誰剪剔。君意人莫知。人間夜寥闃。

對藻飾，他也並不主張廢除，他曾說：『清詞麗句必爲鄰。』（戲爲六絕句）而自己則是『爲人性僻耽佳句，語不驚人死不休。』（江山值水如海勢聊短述）由於杜甫重視且善用音韻辭藻，却不局限在南朝境界，方能在五律七律，五排七排的創作上成爲群倫之冠，律詩之聖，備受後人推崇。如施補華峴傭說詩云：『少陵七律，無才不有，無法不備。』又說：『五言長排，必以少陵爲大宗。』錢木庵唐音審體則提到：『五言長韻七言四韻律詩，斷以少陵爲宗。』黃子雲野鴻詩的也讚揚他：『杜之五律五七言古，三唐諸家亦各有一二篇可企及。七律則上下千百年無倫比。其意之精密，法之變化，句之沈雄，字之整練，氣之浩汗，神之搖曳，非一時筆舌所能罄。』

由此可知，齊梁唯美詩風，在中國文學史上，不單是純文藝的拓荒者，尤其對唐詩更具啓廸之功，造就了唐詩在文壇的不朽地位，玆就體製、對偶、音律三端影響於唐人者，分別述之。

一　體　製

唐人在詩歌方面的成就，猶如宋人之於詞，元人之於曲，都能代表一個時代的精神。推其原因，不外是文體演進及西域音樂的輸入，其次有帝王的愛好提倡，再者科擧制度特重詩賦，成爲文人進身之階。利祿之門旣開，好尙之情益篤，一時便風起雲湧，作家輩出，開元、天寶之際，尤稱爲詩的黃金時代。以數量言，淸乾隆所勅撰的全唐詩，凡九百卷，已有詩人二千三百餘家，存詩四萬八千九百餘首；以形式言，五七雜言，古今各體，樂府歌行，無所不備；以格調言，則飄逸、雄渾、精深、博大、綺麗、幽邃、淸奇、纖冶，後世模倣，無出其右；以內容言，除寫景，寫實外，言宮闈者如初唐四傑，言神仙思想者如李白，多承南朝遺風，眞是千巖競秀，令人目不暇給。

唐詩雖然在文學史上開創了新的局面，然而在形式上，意境上，音韻及描寫技巧上，無不遠接漢魏，近繼齊梁。玆將其體製淵源，摘述於後：

一、絕　句

絕句又稱小詩，在唐代是一種專講聲律而沒有對仗、排偶限制的新體詩，最宜表現複雜的情感，描繪美麗的風景。它的名稱，最早見於梁徐陵玉台新詠所收錄的古絕四首。其一云：

藁砧今何在？山上復有山。何當大刀頭。破鏡飛上天。

是述寫夫婦相思的隱謠，爲後世絕句的始祖。但推其源流，早在漢代樂府中便可找到五言四句的短歌。如采葵莫傷根，枯魚過河泣等，徐師曾文體明辨也說：

五言絕句始自漢魏樂府……唐人始穩聲勢，定爲絕句。

曹操與陳思王曹丕的集子中，不乏此類作品。兩晉的陸機、陸雲、傅玄、潘尼、張載、郭璞之流，亦往往而有，雖質量貧弱，無甚足取，但可觀其潛滋暗長的趨勢。

迨劉宋以還，體漸盛行，而在民間蓬勃發展的新聲歌謠——吳歌西曲，更多半採取五言四句的形式。（詳見本書第二章第五節）雖詞句淺俚，却音調柔美，內容以言情爲主。文人漸受影響，如謝靈運、鮑照、謝惠連、謝莊、湯惠休等人均嘗試製作，作品雖少，其技巧已較魏晉進步。及至永明、不但作者日衆，篇幅日繁，且技巧益精，歌謠的地位已自民間提升至貴族，達到成熟階段，如王融的自君之出矣，謝朓的玉階怨，沈約的爲鄰人有懷不至，皆雋美可誦，置諸唐人五絕中，亦不能辨，且唐代詩人所作五言小詩不但詩題襲用樂府舊題，句子也多有取法前人者。玆舉數例，以資印證：

❶夕殿下珠簾。流螢飛復息。長夜縫羅衣。思君此何極。（齊謝朓玉階怨）

玉階生白露。夜久侵羅襪。却下水晶簾。玲瓏望秋月。（唐李白玉階怨）

❷自君之出矣。金鑪香不然。思君如明燭。中宵空自煎。（齊王融自君之出矣）

自君之出矣。不復理殘機。思君如滿月。夜夜減清輝。（唐張九齡自君之出矣）

❸綠草蔓如絲。雜樹發紅英。無論君不歸。君歸芳已歇。（齊謝朓王孫遊）

燕草如碧絲。秦桑低綠枝。當君懷歸日。是妾斷腸時。（唐李白王孫遊）

❹白雲山上盡。清風松下歇。欲識離人悲。孤台見明月。（齊張融別詩）

白日依山盡。黃河入海流。欲窮千里目。更上一層樓。（唐王之渙登鸛雀樓詩）

❺心遂南雲遊。形隨北雁來。故鄉籬下菊。今日幾花開？（梁江總薇山亭詩）

君自故鄉來。應知故鄉事。來日綺窗前。寒梅著花未？（唐王維雜詩）

至於七言絕句，它的發展較五絕爲緩，曹丕作燕歌行時方略具雛形，但並不爲文人所喜，各朝雖偶有創作，然多不出七言古詩的範圍，至湯惠休的秋思引，始略具其形體：

秋寒依依風過河。白露蕭蕭洞庭波。思君末光光已滅。眇眇悲望如思何。

技巧雖不甚佳，但七言四句的形式與第一、二、四句的叶韻（『河』『波』『何』均屬『歌』韻，佩文詩韻下平聲）堪稱七絕之祖，且開文人模仿的先例。

及至梁武帝父子，體製漸繁，作者日衆，試觀下列數首：

天霜河白夜星稀。一雁聲嘶何處歸。早知半路應相失。不如從來本獨飛。（梁簡文帝夜望單飛雁）

日暮徙倚渭橋西。正見流月與雲齊。若使月光無近遠。應照行人今夜啼。（梁元帝春別之四）

失群寒雁聲可憐。夜半單飛在月邊。無奈人心復有憶。今暝將渠俱不眠。（梁庾信秋夜望單飛雁）

其他，如梁簡文帝的烏棲曲四首，和蕭侍中子顯春別四首，梁元帝烏棲曲四首，蕭子顯的烏棲曲應令三首等，雖平仄粘法不合唐代絕句，但無論體裁，情韻，技巧都有明顯進步，逼似唐人七絕，所以說，七絕乃肇始於齊梁，是可信的事實。

雖然在齊梁間，文士競相創作的五言小詩與嘗試的七言小詩，和體製完備後的唐人絕句仍有差異，但就蛻變進展的痕跡看來，它源此系統發展成熟，是無庸置疑的。

二、律 詩

律詩每首八句，中間兩聯必須對仗，且特重音韻。它與絕句的不同，除篇幅加倍以外，就是對仗與聲律的講求。王應奎柳南隨筆云：

律詩起於初唐，而實胚胎於齊梁之世。南史陸厥傳所謂：『五字之中，音韻悉異，兩句之內，角徵不同』者，此聲病之所自始，而即律詩之所本也。至沈宋兩家，加以平仄相儷，聲律益嚴，遂名之曰律詩。

新唐書杜甫傳云：

唐興，詩人承隋風流，浮靡相矜，至宋之問、沈佺期研揚聲音，浮切不差，而號律詩。

又宋之問傳云：

魏建安後迄江左，詩律屢變。至沈約庾信以音韻相婉附，屬對精密，及之問，沈佺期又加靡麗，回忌聲病，約句準篇，如錦繡成文，學者宗之，號爲沈宋。

王世貞藝苑卮言云：

五言律，六朝陰鏗，何遜，庾信已開其體，但至沈佺期，宋之問始可稱律。

徐師曾文體明辨序云：

律師者，梁陳以下聲律對偶之詩也。……梁陳諸家，漸多儷句，雖名古詩，實墮律體。唐興，沈宋之流，研練精切，穩順聲勢，號爲律詩，其後寖盛。

馬位秋窗隨筆云：

聲律雖起於沈宋，而以前粗以見之。陸雲相謔之辭，所謂『日下荀鳴鶴，雲間陸士龍』是五言律聯。江淹別賦『春宮閟此青苔色，秋帳含明月光』是七言律聯。此近體詩之發端乎。

吳喬圍爐詩話云：

五言律者，若略其形跡，而以神理聲韵論之，則對偶而五聯六聯者，如楊炯之送劉校書從軍，不對偶而八句者，學沈約之別范安成，柳惲之江南曲，皆律詩也。

胡應麟詩藪亦云：

用修集六朝詩爲五言律祖，然當時體製，尚未盡諧。規以隱候失黏上尾等格，篇篇有之。全章吻合，惟張正見關山月，及崔鴻寶劍，邢巨春遊，又庾信舟中夜月詩四首，眞唐律也。

以上諸家或溯其原，成推其變，合而觀之，可有兩點歸納：

❶律詩是諸體詩中較有規律的詩，在聲律、韵律、對仗、句律、章法中見條理。一句之中，平仄

須調節；一聯之間，對偶須工穩；一篇之內，聲音浮切低昂須修練。這是律詩所必備的條件。

❷溯及律詩起源，早在劉宋謝莊的詩中，已有侍宴蒜山，侍東耕粗具五言八句的規模，顏延之，謝靈運更易樸素爲雕琢，化單行爲排偶，奠定了體製的基石，至齊永明詩人沈約、王融、謝朓等提倡聲律詩，創四聲八病之說，(見第三章第二節)變古詩蹈厲之音爲和柔之氣，才使律詩在平仄音律方面形成特殊格式。且齊梁盛行的駢儷詩文，(見第三章第一節)也促成律體中以對仗爲其必備條件，這些均爲隋唐以後律詩形成的重要因素。楊愼選詩外篇云：

> 詩自黃初正史之後，謝客以俳章偶句倡于永嘉，隱侯以切响浮聲傳於永明，操觚輇才，靡然從之。

又云：

> 六代之作，其旨趣雖不足影響大雅，而其體裁，實景雲垂拱之先驅，開元天寶之濫觴也。

同時李調元的賦話也提到說：

> 揚馬之賦，語皆單行，班張則漸有儷句，……下逮魏晉，不失厥初，鮑照、江淹，權輿已肇。永明天監之際，吳均沈約諸人，音節漸和，屬對密切，而古意漸遠；庾子山沿其俗，開隋、唐之先躅。古變爲律，子山實開其先。

永明詩人如沈約、王融、謝朓，范雲等都有五言八句近律的作品，如沈約的詠靑苔的八句同韵，前六句且兩兩相對，范雲的巫山高，雖平仄稍有不調，但中間二聯對偶之穩，形式整齊，格律較謝朓的詠銅雀臺更爲嚴密，實啓唐人五律之先路。

齊梁間，律化的情形更爲普遍，作者日夥，且大膽將民歌納入格律，梁簡文帝的宮體詩，幾乎全是五言八句的律體，雖然平仄、對偶未能盡善，內容也僅止乎衽席之間，閨闈之內，但自此而後，詩人便漸以這種新體裁爲抒情達意的主要工具了。在何遜、陰鏗、徐陵、庾信等人的集中，近律的作品已不勝枚舉，無論遣辭，造鏡，對偶，音韻均足以爲唐人五律肇基。（見方瑀氏唐詩形成的研究緒論）胡震亨唐音癸籤有精到的見解：

自古詩漸作偶對，音節亦漸叶而韵。宮體而降，其風彌盛。徐、庾、陰、何、以及張正見、江總持之流，或數聯獨調，或全篇通穩，雖未有律之名，已寖具律之體。

茲舉數首以爲證：

年華豫已滌。夜艾賞方融。新萍時合水。弱草未勝風。閨幽瑟易響。臺逈月難中。
春物廣餘照。蘭萱佩未窮。（謝朓奉和隨王殿下）

捨轡下雕輅。更衣奉玉牀。斜簪映秋水。開鏡比春妝。所畏紅顏促。君恩不可長。
鵕冠且容裔。豈吝桂枝亡。（沈約携手曲）

婀娜河堤樹。依依魏主營。江陵有舊曲。洛下作新聲。妾對長楊苑。君登高柳城。
春還應共見。蕩子太無情。（徐陵折楊柳）

大江一浩蕩。離悲足幾重。潮落猶如蓋。雲昏不作峯。遠戍唯聞鼓。寒山但見松。

九十方稱半。歸途詎有蹤。（陰鏗晚出新亭）

客行逢日暮。結纜晚舟中。戍樓因磧險。村路入江窮。水隨雲度黑。山帶日歸紅。遙憐一柱觀。欲輕千里風。（陰鏗晚泊五洲）

客心愁日暮。徙倚空望歸。山煙涵樹色。江水映霞輝。獨鶴凌空逝。雙鳧出浪飛。故鄉千餘里。茲夕寒無衣。（何遜日夕出富陽浦口和郎公）

玉匣卷懸衣。針樓開夜扉。姮娥隨月落。織女逐星移。離分悤促夜。別後對空機。倩語雕陵鵲。塡河未可飛。（庾肩吾七夕）

暮煙起遙岸。斜日照安流。一同心賞夕。暫解去鄉憂。野岸平沙合。連山近靈浮。客悲不自已。江上望歸舟。（何遜慈姥磯）

可是，七言律詩的產生較遲，作者亦少，所以多雜而不純，仍屬試驗階段，如梁簡文帝的烏夜啼，春情曲，末二句雖爲五言，但已可見七律雛形。及庾信的烏夜啼出，體式方漸完備。此外沈約的早發定山，庾丹的秋閨有望，已開五言排律的先聲；江總閨怨詩及沈君攸的薄暮動絃歌也粗具七言排律的模。茲學梁簡文帝與庾信詩各一首以較之。

蝶黃花紫燕相追。楊低柳合路塵飛。已見垂鈎掛綠樹。誠知淇水霑羅衣。兩童夾車問不已。五馬城南猶未歸。鶯啼春欲駛。無為空掩扉。（梁簡文帝春情曲）

促柱繁絃非子夜。歌聲無態異前溪。御史府中何處宿。洛陽城頭那得棲？彈琴蜀郡卓家女。

織綿秦川竇氏妻。詎不自驚長淚落。到頭啼烏恒夜啼。（庾信烏夜啼）

綜上所述，五言絕句實孕育於漢魏，成立於齊梁；七言絕句與五、七言律詩，則發軔於齊梁，成熟於陳隋。故齊梁詩對唐代絕律體製的建立與完成，是有承先啓後不容忽視的貢獻。

二　對偶

詩歌的對偶，早在詩經楚辭中已可見到。如『春日遲遲，卉木萋萋。』（小雅出車）『鳥次兮屋上，水周兮堂下。』（楚辭湘君）古詩十九首的『胡馬依北風，越鳥巢南枝。』（行行重行行）及曹植詩『君作高山柏，妾爲濁水泥。』（怨歌行）等對仗，都是出於文勢偶然，眞正刻意於此的，當首推晉人陸機，觀其爲詩，時用工對，或全篇屬對，實開排偶的先河。

自此而後，辭采愈加華靡，對偶愈趨工整，易樸素爲雕琢，化單行爲排偶，這正是晉宋人的風尚，雖然平仄黏對尚多疏闊，但這種變本加厲的趨勢，對於後來律詩的完成關係極大，陸時雍詩鏡總論說：

詩至於宋，古之終而律之始也。體制一變，便覺聲色俱開，謝康樂鬼斧默運，其梓慶之鑪乎？

至梁劉勰文心雕龍麗辭篇，始首先提出四對之法；

至於詩人偶章，大夫聯辭，奇偶適變，不勞經營。自揚、馬、張、蔡，崇盛麗辭。如宋畫吳冶，刻形鏤法，麗句與深采並流，偶意共逸韻俱發。至魏晉羣才，析句彌密。聯字合趣，刻毫析釐，然契機者入巧，浮假者無功。故麗辭之體，凡有四對：言對為易，事對為難。反對為優，正對為劣。言對者，雙比空辭者也；事對者，並舉人驗者也；反對者，理殊趣合者也；正對者，事異義同者也。……凡偶辭胸臆，言對所以為易也；徵人之學，事對所以為難也；幽顯同志，反對所以為優也；並貴同心，正對所以為劣也。

而在齊梁文人的作品中，我們可以窺出試驗創作的痕跡，有前兩句相對，有三四兩句相對，有五六兩句相對，有前四句相對，更有接近完成階段的，茲各舉一例以明之：

涼風吹月露。圓景動清陰。蕙風入懷抱，聞君此夜琴。蕭瑟滿林聽。輕鳴響澗音。
無為澹容與。蹉跎江海心。（謝朓和王中丞聞琴）

玉繩隱高樹。斜漢耿層台。離堂華燭盡。別幌清琴哀。翻潮尚知恨。客思渺難裁。
山川不可盡。況乃故人懷。（謝朓離夜）

別離安可再。而我更重之。佳人不相見。明月空在帷。共銜滿堂酌。獨斂向隅眉。
中心亂如雪。甯知有所思。（劉繪有所思）

雷萌山中草。雲煦江上花。流烟漾璇景。輕風泛淩霞。我有幽蘭念。銜意矚里斜。
友人殊未還。獨慰詹前華。（江淹當春四韵）

客心愁日暮。徙倚空望歸。山煙含樹色。江水映霞輝。獨鶴凌空逝。雙鳧出浪飛。
故鄉千餘里。茲夕寒無衣。（何遜日夕出富陽浦口和郎公）

它們的平仄雖有不同，內容也不見得充實，但對偶形式，都可以看得出由嘗試接近完成的經過。到了徐陵，庾信諸人，更是傾全力在製作這種律詩，自然在對句上大費苦心，雖不如盛唐律句的完美成熟，至少技巧已相當精密，足爲唐代近體詩的先驅。

初唐詩學，尤致力於構造對偶原則的探討，李淑詩苑類格載有上官儀的六對，即：正名對，同類對，連珠對，雙聲對，叠韵對，雙擬對。詩人玉屑則載有上官儀的八對：的名對，異類對，雙聲對，叠韵對，聯綿對，雙擬對，回文對，隔句對。去其重覆，共得十類，與日僧空海所輯文鏡秘府論二十九種對仗的前十一種，有八種相同。（文鏡列擧二十九種對仗約可分爲四部份。第一部份的十一種爲一的名對，二隔句對，三雙擬對，四聯綿對，五互文對，六異類對，七賦體對，八雙聲對，九叠韵對，十迴文對，十一意對。）至於元兢，又增六對：平對，奇對，同對，字對，聲對，側對，注明出於元兢髓腦，不但較上官氏嚴密，且新奇別致，發現比較困難，其後崔融復從而增益，以切側對，雙聲側對，叠韵側對來補充元兢之說，如此轉相推衍，取義愈精，形式愈繁而名目愈衆，比元崔時代略晚的沈佺期、宋之問終能完成『硏揣聲音，浮切不差』的律體，對偶技巧的圓熟自然是莫大的關鍵，但究其來源，劉勰之言、事、正、反的籠統形式與齊梁文人的苦心探索，則有篳路藍縷，以啓山林的功勞。

三　音韵

關於齊梁音韵發明始末，在第三章第二節中已有詳盡介紹，茲就其對唐代近體詩的影響，略述如左。

以音韻爲創作詩歌的首要條件，是天下的公論。因聲調鏘鏘，不但調利口吻，且較能感人，易於流行。可是在齊梁以前，沒有標準的韻書可資依循，作者惟有在暗中摸索，是否合韻，却無從得知，直到沈約等人的聲律論出，方了解其所以然之故。王應麟困學紀聞云：

世稱倉頡造字，孫炎作音，沈約作韻，爲椎輪之始。

誠非過譽之詞。中國文字本具有『單音系統』的特質，因聲調緊接，同音字太多，自然會產生四聲變化，而產生詩的平仄，這完全符合了聽覺的美感，文心雕龍聲律篇更強調：『聲畫研蚩，寄在吟詠。』更是將文字的美惡條件寄託在聲音上了。

永明中，沈約文辭精拔，盛解音律，遂撰四聲譜。時王融劉繪范雲之徒，慕而扇之，由是遠近文學，轉相祖述，而聲韻之道大行。（封演聞見紀）

風雅頌既亡，一變而爲離騷，再變而爲西漢五言，三變而爲歌行雜體，四變而爲沈宋律詩。（嚴羽滄浪詩話詩體）

自沈約創四聲八病之說，周顒作四聲切韻後，永明諸家講究聲律，影響所及，使士人爲詩亦力求聲韻的和諧，王世貞藝苑巵言曾說：

休文之拘滯，正與古體相反，惟與近體差有關耳。

劉師培中古文學史也說：

音律由疏而密，悉本自然，非由強致，試即南朝之文審之，四六之體，粗備於范曄，謝莊，成於王融，謝朓。而王謝亦復漸開律體，影響所及，迄於隋唐，文則悉成四六，詩則別為近體，不可謂非聲律論開其先也。

由此可知，聲律的發明，是近體詩形成的重要因素，玆就八病中對絕律詩有影響的，概述如次：

㈠**平頭**：五言詩字的第一字不得與第六字同平仄，第二字不得與第七字同平仄。由此引申則形成律詩每聯的出句與對句不得同平仄。即出句為『仄仄平平仄』，對句必須『平平仄仄平』；出句為『平平平仄仄』，對句則是『仄仄仄平平』。所以平頭的避忌，是律詩每聯出句與對句平仄相反的理論根據。

㈡**上尾**：五言詩的第五字不得與第十字同聲，由此引申則形成律詩每聯出句句脚不得與對句句脚同平仄。是以上尾的避忌，是律詩出句句脚為仄聲，對句句脚用平聲的理論根據。

㈢**蜂腰**：一句之中，第二字不得與第五字同聲。影響所及，則是近體詩每句第二字不得與第四句同平仄理論根據。

㈣**鶴膝**：五言詩第五句不得與第十五字同聲。亦就是第一句與第三句，第三句與第五句，第五句與第七句末字不得相同。以『上尾』格第一句末字不得與第二句末字同聲推之，第二句末字與第三句末字必當同聲。以此類推，第四句與第五句，第六句與第七句亦必同聲。故每句末字平仄即呈『異、同、異、同……』再觀以『平頭』『上尾』諸病，可知句與句的平仄亦呈『異、同、異、同……』二字平仄相異即是『對』，相同即是『粘』，近體詩的章法即由粘對組織而成。

八病的癥結在於『同』，或同平上去入，或雙聲叠韵。多同則單調，產生不出對比的美感，故沈約標出八病，就是希望作者能除去此單調無變化的詩病，我們觀看唐人近體詩中聲調雷同單一之處甚少，必定也是受此影響之故。（詳見今人黃盛雄之唐人絕句研究第五章與簡明勇之律詩研究第一篇）今舉形式與聲調均近於唐代絕律之實例於后，以明絕律實肇始於南朝。

腰肢本猶絕。眉眼特驚人。判自無相比。還來有洛神。（梁簡文帝贈麗人）

浮雲舒五色。瑪瑙應霜天。玉葉散秋影。金風飄紫煙。（梁簡文帝詠雲）

水底罘罳出。萍間反宇浮。風生色不壞。浪去影恆留。（梁簡文帝水中樓影）

天霜河白夜星稀。一鴈聲嘶何處歸。早知半路應相失。不如從來本獨飛。（梁簡文帝夜望單飛鴈）

燕戲還簷際。花飛落枕前。寸心君不見。拭淚坐調絃。（何遜爲人妾怨）

迴履裾香散。飄衫鈿響傳。低釵依促管。曼睇入繁絃。（劉孝儀和詠舞）

火浣花心猶未長。金枝密焰已流芳。芙蓉池畔涵停影。桃花水脈引行光。（劉孝威禊飲嘉樂殿詠曲水中燭影）

匝欄生闇蘚。覆板沒魚衣。岸曲斜梁阻。何時香步歸。（徐摛壞橋）

平明聽戰鼓。薄暮敍存亡。楚漢方龍鬬。秦關陣未央。（王偉在渭陽賦詩）

朝飛集帝城。猶帶夜啼聲。近日毛雖煖。聞弦心尚驚。（朱超道城上烏）

拂枕薰紅帊。迴燈復解衣。傍邊知夜永。不喚定應歸。（戴暠詠歌眠）

除前四首尚有不合格律外，其餘聲調均與唐律無異。

抱月如可明。懷風殊復清。絲中傳意緒。花裏寄春情。掩抑有奇態。淒鏘多好聲。芳袖幸時拂。龍門空自生。（王融詠琵琶）

絕訝梅花晚。爭來雪裏窺。下枝低可見。高處遠難知。俱羞惜腕露。相讓到腰羸。定須還剪綵。學作兩三枝。（梁簡文帝雪裏覓梅花）

池中種蒲葉。葉影蔭池濱。未好中宮薦。行堪隱士輪。為書聊可截。匹柳復宜春。瑞葉生符苑。鏤碧獻周人。（梁元帝賦得蒲生我池中）

依峯形似鏡。構嶺勢如蓮。映林同綠柳。臨池亂百川。碧苔終不落。丹字本難得。有邁東明上。來遊皆羽仙。（梁南鄉侯推賦得翠石應令）

沐道逢將聖。飛觴屬上賢。仁風開美景。瑞氣動非煙。秋樹翻黃葉。寒池墮黑蓮。承恩謝命淺。念報在身前。（庾肩吾侍宴）

舉首川之折。離鴻四向飛。子憐三湘薜。我憶五陵薇。但使同嘉遁。何必共輕肥。思君美如玉。不覺淚沾衣。（吳均酬聞人侍郎別三首之三）

葉落思紛紛。蟬聲猶可聞。水中千丈月。山上萬重雲。海鴻來倏去。林花合復分。所憂別離意。白露下霑裙。（吳均贈鮑春陵別）

雲容雜浪起。楚水漫吳流。漸看遙樹沒。稍見遠天浮。漁人迷舊浦。海鳥失前洲。

不測滄溟曠。輕鱗幸自游。(徐防賦得觀濤)

寂寂長信晚。雀聲愁洞房。蜘蛛網高閣。駁蘚被長廊。虛殿簾帷靜。閑階花蕊香。

悠悠視日暮。還復拂空牀。(何思澄奉和湘東王教班婕妤)

開筵臨桂水。攜手望桃源。花落圓文出。風急細流翻。光浮動岸影。浪息累沙痕。

滄波自可悅。濯纓何用論。(朱超道賦得臨水)

四　雙關諧語

我國文字有諧音的特色，故能一語關顧兩意。在南朝時民間盛行的吳歌西曲，曾大量使用諧音的雙關語。(詳見第二章第五節)它的價值乃在於增長文學的華采與情趣。唐朝近體詩的形成，在體製上承襲了南朝的小詩，在內涵與境界上，也活用了清商樂府中的雙關語，致使詩歌充實而更富節奏，尤其唐代的新樂府，更能代表這種精神。如：

相逢逐涼候。黃花忽復香。顰眉臘月露。愁殺未成霜。(晁采子夜歌)

按以霜諧雙。

寄語閨中娘。顏色不常好。含笑對棘實。歌娛須是棗。(同　上)

按以棗諧早。

自君之出矣。萬物看成古。千尋葶藶枝。爭奈長長苦。(張祜自君文出矣)

按以葶藶之苦諧相思之苦。

唐人使用雙關語較吳歌西曲有更深入之處，其一爲詩人摹仿的目的在於求新求深，所謂不著一字，盡得風流，一語雙關，不僅增加了詩的情趣，且拓展了詩的寬度。詩人多借事比興，充份表現豐富的想像力，普遍運用，達到詞隱意顯的效果，詩意含蓄而雋永，深刻而纏綿，創造了藝術的最大成就。例如劉禹錫的竹枝詞：

楊柳青青江水平。聞郎江上唱歌聲。東邊日出西邊雨。道是無晴却有情。

以天候之晴，隱喻心中之情，正是委婉陳辭的巧妙應用。且由雙關語擴展爲雙關意，更是比興的擴大使用，如駱賓王的在獄咏蟬，爲表明心跡而云：

露重飛難進。風多響易沈。無人信高潔。誰爲表予心？

以露重風多，喻衆口鑠金，無法洗清罪過，表面上句句詠蟬，實則句句自況，這種手法，已是從字面的雙關，擴充到詩意的雙關了。

再者，吳歌西曲全是五言四句的短詩，僅其中一句或兩句應用諧音雙關語，到了唐代，已由五言詩擴展到七言詩，由兩句局部的雙關擴展到整首使用雙關，例如溫庭筠的新添聲楊柳枝辭：

井底點燈深燭伊。共郎長行莫圍棋。玲瓏骰子安紅豆。入骨相思知不知？

以燭照的燭諧囑咐的囑。用圍棋諧違期，骰子安紅豆的歇後語是相思入骨。李白的荆州樂：

荆州麥熟繭成蛾。繰絲憶君頭緒多。

以繰絲諧操思，繭成蛾的歇後語是頭緒多，將蠶蛾破繭頭緒多諧女子操思憶君頭緒多，充份混合的使用雙關語來表達更深入的意念。

故詩人在創造過程中，一方面接受民歌開朗活潑的精神，一方面以諧音雙關擴大詩境層面，使民歌特有的風格技巧得以充分發揚，這是唐詩在繼承了南朝樂府所呈現的嶄新面貌。（參用今人邱燮友氏之吳歌格與送和聲的價值〇書和人第二〇二期）

綜觀上述，可知唐詩在文壇的光輝燦爛，實非得自偶然，若無先前文人嘔心瀝血的嚐試鑽研，便奠定不了唐詩穩固的基礎，齊梁的唯美文風，雖遭受後世不少衞道人士的大肆抨擊，但它對啓廸唐詩的貢獻，在文學史上仍佔有重要的一席之地。

本書重要參考及徵引書目

類別	書名	作者	出版者	出版地點	出版年代	備註
㈠史書	①南史	李延壽	鼎文書局	臺北	一九八一	新校本
	②南齊書	蕭子顯	鼎文書局	臺北	一九八〇	新校本
	③梁書	姚思廉	鼎文書局	臺北	一九八三	新校本
㈡中國文學史	①中古文學史	劉師培	世界書局	臺北	一九七九	
	②中國韻文史	龍沐勛	樂天書局	臺北	一九八〇	
	③中國詩史	陸侃如 馮沅君	古文書局	香港	一九六五	
	④白話文學史	胡適	胡適紀念館	臺北	一九六九	

⑤中國文學史新編	張長弓	開明書局	臺北	一九五四
⑥中國文學發展史	劉大杰	華正書局	臺北	一九八一
⑦中國文學流變史	李曰剛	聯貫出版社	臺北	一九七六
⑧中國詩詞演進史	嵇哲	華聯出版社	臺北	一九七二
⑨中國文學史初稿	易蘇民	昌言出版社	臺北	一九六五
⑩樂府文學史	羅根澤	文史哲出版社	臺北	一九八一
⑪漢魏六朝樂府文學史	蕭滌凡	長安出版社	臺北	一九八一
⑫中國詩論史	鈴木虎雄著 洪順隆譯	商務印書館	臺北	一九七二
⑬中國文學史	葉慶炳	弘道文化公司	臺北	一九七四
⑭中國文學發展探源	李道顯	文史哲出版社	臺北	一九八一

⑮中國文藝變遷論	張世祿	商務印書館	上海	一九三四	
⑯中國詩歌發展史	梁石	經氏出版社	臺北	一九七六	
㈢文學批評					
①文心雕龍	劉勰	開明書店	臺北	一九七五	范文瀾注
②詩品注	汪中	正中書局	臺北	一九六九	
③唐詩研究	胡雲翼	商務印書館	臺北	一九六八	
④中國韵文通論	陳鍾凡	中華書局	臺北	一九五九	
⑤中國文學批評史	郭紹虞	明倫書局	臺北	一九七六	
⑥中國詩學通論	范況	商務印書館	臺北	一九七九	
⑦古詩論律詩論	洪爲法	經氏出版社	臺北	一九七六	
⑧中古文學概論等五書	楊家駱主編	鼎文書局	臺北	一九七七	

⑨中國中古文學史等七書	楊家駱主編	鼎文書局	臺北	一九七四
⑩中國詩學大綱	楊鴻烈	商務印書館	臺北	一九七〇
⑪漢魏六朝文學	陳鍾凡	商務印書館	臺北	一九六七
⑫漢魏南北朝樂府	李純勝	商務印書館	臺北	一九六六
⑬初唐詩學著述考	王夢鷗	商務印書館	臺北	一九七七
⑭文心雕龍札記	黃侃	文史哲出版社	臺北	一九七三
⑮樂府詩紀	汪中	學生書局	臺北	一九六八
⑯魏晉南北朝文學思想史論	張仁青師	文史哲出版社	臺北	一九七八
⑰中國駢文析論	張仁青師	東昇出版公司	臺北	一九八〇
⑱駢文學	張仁青師	文史哲出版社	臺北	一九八四

⑲律詩研究	簡明勇	五洲出版社	臺北	一九七三
⑳六朝詩論	洪順隆	文津出版社	臺北	一九七八
㉑中國文學八論	劉麟生等著	文馨書局	臺北	一九七五
㉒六朝樂府與民歌	王運熙	新文豐書局	臺北	一九八二
㉓唐人絕句研究	黃盛雄	文史哲出版社	臺北	一九七九
㉔唐詩形成的研究	方瑜	嘉新水泥文化基金會	臺北	一九七二
㉕蕭統兄弟的文學集團	劉漢初	著者自印	臺北	一九七五
㉖南朝詩研究	王次澄	著者自印	臺北	一九八三
㉗六朝宮體詩研究	黃婷婷	著者自印	臺北	一九八三
①全漢三國晉南北朝詩	丁福保	世界書局	臺北	一九六二

(四)總集及別集

②昭明文選	蕭統	弘道文化公司	臺北	一九七九	
③徐孝穆集	徐陵	商務印書館	臺北	一九六五	吳兆宜箋注
④庾子山集注	庾信	源流出版社	臺北	一九八三	倪璠注
⑤樂府詩粹箋	潘重規	人生出版社	香港	一九六三	

(五)修辭學

①高明文輯	高明	黎明文化公司	臺北	一九八〇	
②字句鍛鍊法	黃永武	商務印書館	臺北	一九六九	
③近體詩發凡	張夢機	中華書局	臺北	一九七八	
④實用國文修辭學	金兆梓	文史哲出版社	臺北	一九七七	
⑤修辭類說	文史哲出版社	文史哲出版社	臺北	一九八〇	

本書重要參考及徵引論文目錄

論文題目	作者	期刊名稱	卷期	備註
①六朝律詩的形成	高木正一著 鄭清茂譯	大陸雜誌	十三卷九、十期	
②論齊梁詩的代表作	陳定山	自由談	六卷二期	
③漢魏六朝文體變遷之一考察	王夢鷗	中研院史語所集刊	五十卷二期	
④貴遊文學與六朝文體的變遷	王夢鷗	中外文學	八卷一期	
⑤從雕飾到放蕩的文章	王夢鷗	中外文學	八卷五期	
⑥魏晉南北朝文學之發展	王夢鷗	中華文化復興月刊	十四卷七期	
⑦魏晉六朝詩的特色	金達凱	民主評論	九卷十一期	

⑧論永明聲律	馮承基	大陸雜誌	三十一卷九期	
⑨漢與六朝樂府產生的社會形態	田倩君	大陸雜誌	十七卷九期	
⑩南北朝文學流變綜論	林承	國立編譯館館刊	四卷一期	
⑪六朝詩之式微	胡鈍俞	中國詩	二卷四期	
⑫李白與謝朓	李直方	人生雜誌	三十一卷一期	在香港發行
⑬謝朓詩與唐風問題研究	李直方	人生雜誌	三十一卷十一期	在香港發行
⑭南朝樂府與當時社會的關係	廖蔚卿	文史哲學報	第三期	
⑮從文學現象與文學思想的關係談六朝「巧構形似之言」的詩	廖蔚卿	中外文學	三卷七、八期	
⑯中國詩體之演變	葉嘉瑩	中國一周		
⑰宮體詩人之寫實精神	林文月	中外文學	三卷三期	

⑱中國山水詩的特質	林文月	中外文學	三卷八期
⑲梁簡文帝與宮體詩	林文月	純文學	一卷一期
⑳南朝宮體詩研究	林文月	文史哲學報	第十五期
㉑吳歌格與和送聲的文學價值	邱燮友	書和人	二〇二期
㉒吳歌西曲產生原因及時代背景	邱燮友	書和人	二〇九期
㉓唐詩溯源	羅錦堂	大陸雜誌	十一卷九期
㉔論宮體詩的形成	左松超	書和人	四〇七期
㉕六朝詩的演變	鄧中龍	東方雜誌	復刊二卷六期
㉖六朝詠物詩研究	洪順隆	大陸雜誌	五十六卷三、四期合刊
㉗論宮體詩	洪順隆	文藝復興月刊	第一〇〇、一〇一、一〇二期

㉘文心雕龍與南朝文學	孟　戈	文學世界	二十四期
㉙徐陵宮體詩和玉台新詠	章　江	自由青年	四十三卷一期
㉚南北朝文學和文學家	章　江	自由青年	四十四卷一期
㉛梁簡文帝的文學見解及其宮體詩兼論徐陵編玉台新詠	王紘久	現代學苑	九卷九、十期
㉜南北朝樂府詩之淵源	周誠明	中國詩學	五卷三期
㉝南北朝樂府之體制	周誠明	中國詩學	六卷二期
㉞南北朝樂府詩之產生及評價	周誠明	臺中商專學報	
㉟宮體詩形成的社會背景	葉日光	中華學苑	第十期
㊱論唐詩的「因」與「革」	徐韻梅	中華詩學	二卷三期
㊲論南朝聲律說與鍾嶸對詩之音韵的主張	伍稚英	文史季刊	一卷四期

㊳永明竟陵八友之一——謝朓	許安木	師大國學叢刊	第三期	
㊴漢魏六朝的民間詩歌	羅延信	華國月刊	第二期	在香港發行
㊵齊梁詩與齊梁詩人	鄭雷夏	女師專學報	第九期	